“Dioses sois y lo habéis olvidado”

While every precaution has been taken in the preparation of this book, the publisher assumes no responsibility for errors or omissions, or for damages resulting from the use of the information contained herein.

LAS 7 LEYES UNIVERSALES DE LA CREACIÓN

First edition. March 11, 2020.

Copyright © 2020 Diego Arroyo.

ISBN: 979-8215688939

Written by Diego Arroyo.

Sobre el autor

Diego Arroyo, artista, músico, periodista, investigador y escritor. Desde 2012 me he desempeñado con éxito como artista independiente en América Latina y Europa y he estudiado minuciosamente escritos y enseñanzas que pudieran llevarme a un pleno desarrollo del ser, para poder lograr el objetivo personal de crear mi propia realidad. Estos aprendizajes no sólo me han llevado a mi objetivo sino también a darme cuenta que en algunos casos, cómo éste, el escritor es lo menos relevante.

Sobre el lector

Aquí lo relevante, es quién desee leer estas páginas, ya que no están destinadas a cualquier tipo de persona. Están destinadas a personas como tú, seres que saben que existe algo más que la realidad que nos han contado. Personas que buscan el camino espiritual y además desean ser creadores activos de su realidad, para poder vivirla en su máxima expresión. Estas enseñanzas son para cualquiera que desee alejarse de la multitud, salirse del rebaño y crear su propio paradigma; un paradigma sin limitaciones, en el cual la realidad diaria se convierta en un goce, un deleite y una aventura. Una aventura en la que cada persona será su propio director y protagonista, dejando de lado los paradigmas imperantes para convertirse de una vez y para siempre en lo que debería haber sido desde un principio. El creador de su propia vida, de su propia realidad.

Las 7 Leyes Universales

De La Creación

Domina el arte de crear tu propia realidad

Prólogo

Toda cultura, enseñanza, sabio, iluminado, incluso científico, nos habla de lo mismo. Y no debería ser necesario, ya que en algún lugar todos sentimos esa sensación de estar llamados a "algo más", hay una parte en nosotros que sabe, conoce, nos susurra que las cosas "como son" no bastan.

Hay un llamado constante a todo ser humano, que busca empujarlo más allá de sus aparentes limitaciones, y es posible que ese llamado nos invoque a trascender nuestra condición de simples "espectadores" o "víctimas" de la realidad, para pasar a convertirnos en creadores activos de todo lo que ocurre en nuestra vida.

"Sois Dioses más lo habéis olvidado"

Estas mismas enseñanzas, las cuales estudié casi obsesivamente durante mucho tiempo, coinciden en muchos puntos. Desde mi punto de vista el más importante es justamente éste. **El entendimiento del ser humano como creador de su propia realidad.**

"Todo es Mente, el Universo Mental" rezaba El Kybalión hace quién sabe cuántos miles de años. Hoy la cuántica nos acerca a lo mismo. Cosas que ya sabemos, más no queremos ver. El proceso de esta creación se expresa de muchas maneras. Las cuales coinciden de forma unánime en una línea de partida...la mente.

Esa Trinidad de alinear pensamiento, palabra y sentimiento es ya bien conocida. Lamentablemente poco explorada, posiblemente por la simplicidad que implica. O por el grado de honestidad que demanda, algo raro en estos días.

Nos resulta fácil complicarlo todo, hicimos de eso algo natural, bajo una bandera de crecimiento o desarrollo tecnológico, económico y social. Vivimos el auge de nuestros tiempos, de nuestras posibilidades, vivimos una realidad con la que ni los más acaudalados Reyes de hace mil años podrían haber soñado. Pero la damos por sentada, y peor aún, la utilizamos como una excusa para evadirnos de nuestra propia existencia.

En una época donde somos capaces de comunicarnos instantáneamente con el punto más distante del planeta, aprender un tema concreto con 2 clicks, incluso hacer negocios o invertir en cualquier bolsa del mundo, nosotros nos evadimos. Complicamos cada vez más lo simple, nos alejamos cada vez más no solo de nuestro entorno, sino de nuestra esencia.

Siendo que habitamos una de las realidades en las que el infinito de nuestras posibilidades se hace más y más evidente. Por correspondencia, también el mal uso de nuestros recursos se hace más y más evidente.

¿Cómo es posible que a culturas milenarias como la Maya o la Inca nunca le fallara una cosecha en tantos cientos de años? O que, en los lugares más sagrados, de las culturas más sagradas no haya rastro de hospitales, o cárceles, por citar un ejemplo.

"Es que eran bárbaros, eran incultos, se mataban o se dejaban morir" ¿Esos eran ellos? Estamos seguros de eso... Yo no. Para mí, es lo contrario, aunque no viene al caso.

Por otro lado, a nosotros, con todo a la mano, nos cuesta llegar a fin de mes. Y ni hablar de otras cuestiones mundiales que ya conocemos de sobra. Sería muy discutible quiénes son sabios y evolucionados y quiénes no.

Qué tal si eso que siempre se supo, ellos lo sabían, y a nosotros nos fue enmascarado. Qué tal si lo único que hiciera falta es reconciliarse con esa parte creadora de nuestro ser, enraizada en la armonía con el mundo que nos rodea, y saber adaptarla a estos tiempos "civilizados".

Tiene que haber algo más. Algo en ese proceso de vivir que se nos está escapando a causa de tanto estímulo y que siempre se supo.

Pero convertimos lo natural en raro. Y lo inaceptable en cotidiano.

"La hierba no se esfuerza por crecer, sólo crece"

Es así como hace unos años me dispuse a probar una teoría que daba vueltas en mi ser hacía rato: Que cualquier persona posee la capacidad inherente de desarrollar una mentalidad (que llamo conciencia extraordinaria) mediante la cual se vuelva inevitable convertir en realidad cualquier clase de objetivo en un período de 90 días o menos. Sin importar qué tan difícil o lejano pareciera en un primer momento, y sin hacer distinción hacia aspecto alguno de la vida humana... Cualquier objetivo o deseo.

Hoy puedo decir que ya trasciende el estatus de teoría, y es una realidad confirmada por experiencia propia, con bases científicas y metodizadas en lo que llamo "El Mapa Del Éxito".

Sin embargo, me resultaba difícil ver, en un principio, la mejor manera de compartir esto que sin duda representa un antes y un después en mi forma de ver y encarar la vida y la realidad. Y lo represento también para un puñado de personas que junto a mí apostaron a corroborar lo que en un primer momento sólo eran conjeturas de un ser que quizás "había leído mucha metafísica y pseudociencia", o quizás simplemente había mirado mucha ciencia ficción.

Ahora sabemos que es una realidad. Pero... ¿Cómo contarlo? ¿Cómo abordar un tema tan delicado, y a la vez tan potencialmente transformador?

¿Cómo explicar que si los resultados que deseas no están a la vista es sólo porque los estás buscando desde una mentalidad desenfocada? O mejor dicho...enfocada de forma inconsciente a no manifestar eso que se desea.

Lo más simple sería sin duda, transcribir un método, y ya. No sería lo más efectivo, ni lo más ético, ya que si voy a escribir de algo como esto el objetivo es que la mayor cantidad de personas posible pueda obtener un valor real, no sólo limitado al conocimiento, sino enfocado principalmente a un entendimiento total a base de experiencia práctica y resultados personales tangibles en su propia realidad. Seguramente el método en sí mismo, leído y explicado "a pelo" funcionaría perfectamente, y en tiempo récord para quien posea una base de conocimiento y apertura mental acorde. Pero no es esa mi intención. Mi intención es que sea aplicable y demostrable para cualquiera que tenga el interés suficiente como para dedicar su tiempo, su recurso más valioso, a leer estas páginas.

Dicho esto, entiendo que la mejor forma de hablar de aquí en adelante es partiendo del principio, de lo que dio origen en mí a la teoría, y sentó las bases que más tarde derivarían en el método. Puede que a la primera parezca un poco abstracto. Por eso incluiré prácticas simples que brindarán al lector una comprensión vivencial del texto y resultados tangibles en su día a día, siempre y cuando, las aplique de manera honesta consigo mismo. Por eso aquí cuento muy poco de mí, y mucho sobre mi punto de partida, las 7 leyes universales de la creación.

En el año 2012 tomé una decisión que cambiaría mi vida radicalmente. Decidí dedicarme al 100% a vivir una vida que me apasionara y de la que pudiera sentirme orgulloso. Por eso decidí dedicarme únicamente al arte, en todas sus facetas, focalizando al principio en la industria musical.

Durante los primeros años como podrás imaginar no sólo tuve que enfrentarme a muchísimos retos, sino también a muchísimos prejuicios del entorno. Sin embargo, **siempre supe dentro de mí que cualquier**

realidad que un ser humano pueda imaginar puede llevarse a cabo con éxito. Siempre supe que existía una forma de crear realidad propia, aunque no sabía bien dónde encontrar esa fórmula.

Desde pequeño tengo la necesidad de investigar sobre el mundo que me rodea. En este proceso muchas veces me interesé, y lo sigo haciendo, por la metafísica, el desarrollo personal y todo tipo de textos sagrados.

En un momento de mi carrera artística, cerca del año 2017, me di cuenta que había dos etapas muy marcadas en los años que llevaba viviendo exitosamente de mi arte. Una primera etapa en la que parecía que todo se me daba de manera fácil, natural y en abundancia; y una segunda etapa donde todo me costaba mucho más de la cuenta, y parecía que los recursos faltaban mucho más de lo que abundaban.

Debido a ese impulso natural de investigar el cómo y el porqué de todo lo que sucede a mi alrededor, comencé a investigar qué diferencias existían en mí, dentro de esas tan marcadas etapas de mi carrera. Al mismo tiempo comencé a investigar y estudiar las vidas y los hábitos de las personas que considero las más exitosas del mundo.

De esta manera pude descubrir que estas personas que yo admiraba, algunas de manera consciente y otras de manera inconsciente, estaban constantemente poniendo en práctica principios metafísicos cuánticos. Los mismos principios que yo, de manera inconsciente, puse en práctica durante la mitad más exitosa de mi carrera. Por lo tanto, decidí comenzar a aplicar esos pocos principios que conocía en ese momento. Con la intención de retomar el camino, o mejor dicho el estado mental, que me llevó no sólo a conseguir vivir de lo que es mi pasión, sino también a compartir experiencias y escenarios con artistas que yo consideraba referentes; personas casi inalcanzables. El mismo estado que me llevó durante varios años a recorrer 8 países, 3 continentes y más de 50 ciudades haciendo aquello que realmente me apasionaba en ese entonces.

Cuando comencé conscientemente a poner en práctica el único principio que en ese momento conocía conseguí mi primer objetivo, que era poder volver a viajar por el mundo. De esta forma llegué a México, donde me puse en contacto con una parte de mí que estaba dormida, una parte Mística, una parte que anhelaba; y en algún punto comprendía enseñanzas milenarias, enseñanzas chamánicas, originarias; enseñanzas de textos como el Zohar, como los Vedas, como las Upanishads, entre otros.

En ese trayecto, en el cual pude vivir experiencias muy reveladoras y conocer lugares con energías indescriptibles, me encontré con un libro. Un libro que había buscado varios años sin éxito, y de repente, apareció ante mí en una plaza y a un precio prácticamente ridículo. Ese libro es El Kybalión, y en él se encuentran las 7 leyes universales, los 7 principios metafísicos cuánticos por el cual cualquier deseo puede ser manifestado. **Los 7 principios que inconscientemente estaba poniendo en práctica en el mejor momento de mi vida, y son exactamente los mismos que ponen en práctica las personas más exitosas de nuestro mundo.**

Por eso me tomé los últimos dos años de mi vida para estudiar meticulosamente todos los pasos, todos los principios, y aprender no sólo de un libro sino de cualquier tipo de enseñanza que pudiera aportar algo más que fuera coherente con los principios que aquí se expresan.

Mediante este libro quiero ofrecer a cualquiera que esté en el estado vibratorio acorde a estas enseñanzas todo lo que he aprendido, además de todo lo que dice El Kybalión. Este enseña... Entre otras cosas, la verdad de que vibraciones similares vibran juntas, por lo tanto, **si estás leyendo estas páginas es porque muy probablemente tu estado vibratorio está en un momento en el que deseas y necesitas comenzar a crear tu propia realidad.** Comenzar a convertir en realidades tangibles esos sueños que durante tantos años parecían imposibles. Encontrar la forma de manifestar esa vida que deseas y sabes que mereces, sabes que es mucho más que un sueño lejano, sabes que es una realidad potencial.

Lo único que nos separa de esa realidad potencial son todos los falsos conceptos que arrastramos y que fuimos acumulando a lo largo de los años. En este libro vas a descubrir cómo eliminarlos de un plumazo. Cómo quitarles cualquier tipo de poder que puedan llegar a tener sobre tu realidad. En este libro vas a aprender paso a paso cómo se crea la realidad según las enseñanzas más antiguas que existen en nuestro tiempo, y vas a aprender como tú, y solamente tú, tienes todo el poder necesario para comenzar a manifestar y vivir esa vida que tanto sueñas.

Aquí encontrarás todas esas herramientas, sin embargo, antes de comenzar debo pedirte un compromiso. Debo pedirte que te comprometas a leer estas líneas sin juicios y sin prejuicios, sin creértelas, pero sin descartarlas. Necesito que asumas el compromiso de poner en práctica lo que aquí vas a leer, y decidir por cuenta propia, mediante la experiencia activa, si sirve o si no sirve. Decidir por cuenta propia si para tí hay, o no hay límites.

Estas páginas te enseñarán cómo romper cualquier tipo de límite y cómo manifestar cualquier resultado que desees, sin importar lo imposible que pueda parecerte. Pero debes asumir el compromiso de emprender el viaje, consciente y honestamente. Si estás dispuesto a emprender un viaje en el cual descubrirás cómo funciona el universo que habitamos, por qué hasta ahora no estabas viviendo una vida plena, y cómo comenzar a vivirla a partir de hoy. Si estás dispuesto a emprender este viaje con total honestidad, este libro es para tí.

Si tú asumes ese compromiso, yo asumiré el mío. Contarte todo lo que sé sobre las leyes universales, paso a paso y de la manera más fácil, entretenida y comprensible que pueda. Con el objetivo de que cuando llegues a la última página cuentes con todas las herramientas necesarias para convertirte en amo y señor de tu propia vida. Si eso es lo que quieres, estas leyes son la respuesta. En ellas se basan todos los libros de metafísica, espiritualidad y desarrollo personal, que funcionan... Todos.

Eso encontrarás aquí, un mapa y un compañero de ruta; una guía práctica y simple; y un método basado en leyes que funcionan; desde que el mundo es mundo, y que seguirán funcionando sin importar si las conoces o no.

Te invito a empezar conmigo este viaje.

CAPÍTULO 1

El Juego De La Creación

Realidad: Etimología: Revis (Mente); Res (Sustancia)

- Lo que la mente hace con la sustancia

Existencia: Etimología: Ex (afuera, externo); Sistere (colocar)

- Colocar fuera

La naturaleza de la existencia es dinámica, está en continuo movimiento. Por lo tanto, nos lleva a movernos, prácticamente nos obliga. Sin importar si sabemos lo que queremos, dónde vamos, de dónde venimos o quiénes somos. El ser humano no puede, por naturaleza, estar quieto, sí puede ser más o menos receptivo, más activo o más pasivo, etc. Pero no puede dejar de moverse, ya sea física o mentalmente, hay algo que lo llama al movimiento. Entiendo que por eso actualmente vivimos inmersos en tal confusión. Están quienes buscan lo espiritual y quienes buscan lo material, pero el desorden es el mismo y cada vez más evidente.

Ya sea que busquemos una o la otra, o ambas, entiendo que, para alcanzar algún objetivo de cualquier índole, hay que partir de que habitamos la misma realidad. Algo tan dado por sentado que casi siempre es subestimado, lo que nos resulta en estar buscando algo en un lugar que creemos conocer, pero desconocemos. Tenemos teorías, sí, podrán ser científicas, religiosas, ateas, políticas, pero son teorías. Y es muy posible que dentro de algunos cientos de años ya no existan.

A eso apunto aquí, primero a dejar de tomarnos tan enserio nuestras creencias, y segundo, a descubrir cómo funciona esto que llamamos realidad más allá de cualquier teoría. Algunos creen que habitamos un sueño, el Nahual para los sabios tribales. Otros, que es una ilusión o Maia. Unos cuantos, que estamos aquí para ganarnos el paraíso eterno o celestial. En el 2020 ya hay hasta quienes afirman que vivimos en una simulación de computadora.

Pero hay algo en lo que todos coinciden, desde que el tiempo es tiempo... en que **cada ser humano es responsable y creador activo de su propia realidad**. Independientemente de si le gusta o no, o de si es consciente de este hecho o no. Y curiosamente, también coinciden en otra cosa. **En que esta realidad se rige por 7 leyes inherentes e inmutables. Leyes universales que se cumplen siempre**, sin importar cuál sea nuestra ideología podemos llegar a este entendimiento con el simple acto de ponerlas a prueba.

Es decir, que es posible que estemos buscando cosas, logros, objetivos, significados, sin saber las reglas con las que opera el espacio que habitamos. Y eso, me atrevo a decir, es tan idiota como jugar al "juego de la vida" e intentar ganarlo sin tirar los dados. Sólo porque no nos tomamos el tiempo de leer el manual para descubrir...que hay que tirar los dados para poder avanzar.

Porque, sí, hay manuales, cientos. Tantos como personas quieran leer. Cada uno habla del tema bajo su prisma. Para que, quien sea acorde a esa visión logre el entendimiento.

El problema está en que estamos acostumbrados a creer ciegamente lo que se nos enseñó de acuerdo al contexto en el que aparecimos, y por eso nos vemos limitados a experimentar una y otra vez los mismos resultados. Porque no sólo no conocimos las reglas, sino que, para peor, aplicamos reglas distorsionadas por personas y contextos que sólo conocen un porcentaje mínimo de las mismas. Un porcentaje que mantiene el statu quo perfectamente, pero en contadas ocasiones conduce al ser individual a su plenitud. Y convengamos que sin importar creencia u objetivos de vida...todo ser busca, a su manera, experimentar la plenitud.

Para descubrir estas leyes, y facilitárselas a quien desee voy a entrar en las páginas siguientes a revelar y analizar las 7 leyes universales que manifiestan la realidad como la conocemos. Sepa el lector que no son éstas las únicas leyes. Son, sin embargo, las de mayor impacto en nuestro día a día, y las más importantes como punto de partida para nuestro objetivo que es la creación de realidad consciente.

Son leyes tan antiguas que datan de antes del antiguo Egipto y siguen siendo irrefutables. Fueron enseñadas por "el maestro de maestros". Hermes Trismegisto, sabio antiguo autor de "El Kybalión". Adoptado por los egipcios como el Dios Toht y luego por los griegos bajo su nombre actual, que significa "El Tres Veces Grande"; también cabe destacar que estas leyes dieron origen en la antigüedad a lo que hoy conocemos como Alquimia, al Hermetismo, y posteriormente a toda Ciencia conocida por el ser humano de nuestros días. Estos conocimientos son milenarios, se dice que El Kybalión fue el único libro que sobrevivió al incendio de la biblioteca de Alejandría.

Son Leyes Herméticas, es decir, selladas. Y que por cientos de años fueron celosamente custodiadas por quienes desean mantener egoístamente el statu quo de esta realidad que habitamos. Sin embargo, al compartirlas de manera abierta se abre también la puerta para que quien esté en condiciones de entenderlas lo haga. Y al hacerlo podrá, si así lo desea, elevarse por sobre el rebaño y comenzar a elevar su propio universo en todo aspecto.

Me parece indispensable entrar por aquí a cualquier tema que vaya a tratar en textos futuros, ya que mi "Línea editorial" va sobre la creación de realidad propia, para vivir la mejor versión de cada uno y alcanzar el éxito de la forma que se desee. Entendiendo al ser humano como un ser integral, el cual para alcanzar su máxima expresión, plenitud y desarrollo debe experimentarse de manera total en 4 aspectos. Espíritu, Salud (física, mental y emocional), Relaciones y Economía.

El pleno desarrollo de estas áreas resultará en una "Conciencia Extraordinaria" un ser capaz de vivir una vida bajo sus propios términos. Creando su propio paradigma y manifestando de manera consciente cada deseo que considere necesario para cumplir su propósito. Aquí encaja la Primer cualidad de lo que llamo una "Conciencia Extraordinaria": **ser 100% responsable de su realidad, tal cual es hasta ahora, y de la creación de las condiciones que desea ver, a partir de esa base y mediante la creación de un paradigma propio; sin dejar que nada ni nadie decida por uno lo que es posible o imposible.**

Por eso este es el punto de partida, para poder jugar el juego, debemos conocer sus reglas. Para esto, conocer las leyes es fundamental si se quiere llegar a destino de manera inevitable y en el menor tiempo posible.

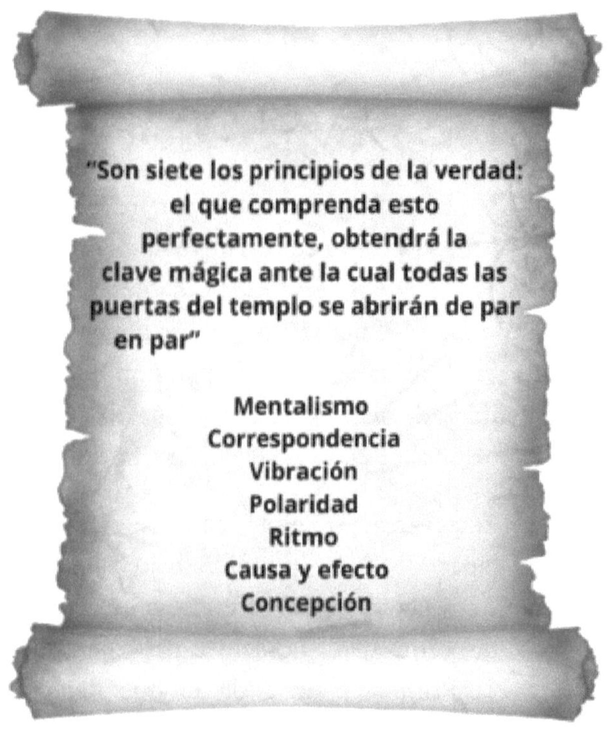

"Como hombre que ha dedicado su vida entera a lo más claro y superior de la ciencia, al estudio de la materia, yo puedo decirles como resultado de mi investigación acerca del átomo, lo siguiente: No existe la materia como tal. Toda la materia se origina y existe sólo por la virtud de una fuerza la cual trae la partícula de un átomo a vibración y mantiene la más corta distancia del sistema solar del átomo junta. Debemos asumir que detrás de esta fuerza

existe una mente consciente e inteligente. Esta mente es la matriz de toda la materia."

Max Planck, Premio Nobel de Física

CAPÍTULO 2

Ley Universal De Mentalismo

"El todo es mente; el universo es mental"

El Kybalión

El primer principio o ley universal que rige sobre todas las manifestaciones de las que somos capaces de experimentar conscientemente es el principio del mentalismo. Esto que en principio parece muy abstracto, hoy puede ser explicado incluso por la física cuántica. Es conocido ya en esta línea de pensamiento que el observador tiene la capacidad inherente de influir sobre el objeto observado y determinar el resultado de un proceso x.

Esta misma ciencia ubica el proceso de creación de realidad partiendo desde lo que hoy conocemos como plasma, y es, insisto según la física cuántica, la base de toda realidad material. Este elemento 0 es lo que en la antigüedad se llamó Maná o Praṇa. La sustancia original. Lo más curioso de este plasma, es que, para tomar una u otra forma tangible, necesita no sólo de un observador, sino también de una intención enfocada del mismo.

La creación de realidad llevada a su expresión más simple puede entenderse como el proceso ordenado de pensamiento, acción, resultado. Es decir que todo tiene que nacer de una idea, sin excepción, para poder tomar forma en nuestro mundo material.

La existencia es mental. **La existencia DEBE ser creada**

La conciencia puede considerarse como el ser puro, el observador de la realidad material. En contraste, para que exista una creación de la cual ser consciente en el plano que habitamos, esta debe ser precedida por un pensamiento. En una visión más profunda esto apunta directamente al mismo origen del universo como lo conocemos, entendiéndolo como resultado del pensamiento de una mente cósmica.

Sin embargo, hoy mi objetivo es llevarlo a lo más terrenal y práctico posible ya que, quien mediante la experiencia consiga un entendimiento práctico de la ley del mentalismo, habrá conseguido la base más sólida sobre la cual comenzar a utilizar estos conocimientos de manera intencionada para lograr su propio bienestar y desarrollo.

Este primer principio, a nivel integral del ser, puede resumirse en retomar el control de manera intencionada sobre nuestro foco de atención. Y mantenerlo el máximo tiempo posible sobre las realidades que deseamos ver manifestadas en nuestra vida, **descartando todo lo que no sea acorde con dichas realidades.**

Desde que el ser desarrolla una mente y un yo, está construyendo una realidad, de manera sostenida, ya sea de forma consciente o inconsciente. Aquí es donde este principio tiene el potencial de inclinar la balanza. Comprendiendo que, una vez conocido, debe ser usado para generar una realidad propia acorde a nuestros deseos, y dejar de manifestar escenarios de forma inconsciente o simplemente ser arrastrados por las consecuencias de no elegir deliberadamente nuestros pensamientos.

En cuanto me sea posible iré dejando prácticas simples para fomentar ese entendimiento práctico o conocimiento vivencial que considero indispensable. De poco serviría tanto creer como descartar cualquier idea sin una experiencia propia.

Aquí una muy simple para probar el principio del mentalismo en nuestro día a día:

1- Cualquier actividad que realicemos, desde la más simple a la más compleja, nos sería imposible de llevar a cabo sin antes verla en nuestra mente y aceptarla como posible. Y por supuesto, sin tomar la decisión de hacerla realidad.

Intenta hacer cualquier cosa sin primero tener un pensamiento dominante.

Intenta por ejemplo no hacer tu cena sin antes pensar "voy a hacer la cena" o darte un baño sin antes tener un pensamiento como "es un buen momento de darme un baño".

Incluso cosas que no deseas hacer, pero igual haces, tienen que ser precedidas por el pensamiento "bueno, esto no me gusta, pero debo hacerlo por tal o cual motivo"

No puede haber acción sin una mente creadora. Resulta imposible la manifestación sin un pensamiento.

2- Ahora bien, imagina que comprendes un poco este principio. Y empiezas a revisar tus pensamientos, que, al fin y al cabo, darán fruto a tu creación.

Decides que cada vez que te encuentres con tu atención enfocada en un pensamiento que no deseas ver manifestado en tu vida, vas a restarle importancia, desecharlo, y reemplazarlo por un pensamiento opuesto que defina exactamente lo que deseas ver manifestado en esa situación.

Por ejemplo: Si te encuentras pensando "no tengo idea de cómo puedo resolver este asunto"; visto esto, eres libre de cambiarlo deliberadamente por otro que podría ser "estoy convencido que encontraré la mejor forma de solucionar este asunto".

Pruébalo, cambia el foco de tus pensamientos sobre ese asunto consistentemente durante dos o tres días y te garantizo que encontrarás la mejor solución.

Y por favor, ni me creas, ni me malinterpretes. Porque esto no es "pensamiento positivo". Es ser consciente de que algo en tu realidad no es armónico, porque tú lo has ubicado y creado de esa forma. Volverte consciente de eso, y a partir de ahí, reordenarlo a tu antojo, sabiendo cómo opera la creación de realidad consciente. Diametralmente opuesto a decir "todo estará bien, el universo lo resolverá, debo ser positivo y tener fe".

Tony Robbins dice en sus seminarios una frase maravillosa:

"Nunca te invitaré a que vayas saltando por tu jardín y cantando: no hay malas hierbas, no hay malas hierbas, no hay malas hierbas. Yo te enseñaré como agacharte y arrancarlas de raíz para sembrar lo que tú decidas."

Debes ser creador, no positivo, lo que para tí sea positivo se manifestará por lógica y se convertirá en tu realidad cotidiana, consecuentemente. Siempre y cuando no pienses positivo, sino de forma inteligente, consistente y consciente de que eres tú quien decide, y nadie más.

Cuando empiezas a vislumbrar el Mentalismo, se hacen evidentes todas las ocasiones en las que viste cosas, situaciones o personas que no deseabas en tu realidad y sin embargo tú las creaste. Poniendo tu atención en miedos, ideas que no eran tuyas quizás de tus padres o profesores, realidades que viste en la televisión. No eran tuyas, pero una parte tuya las hizo propias, imprimió en ellas su atención tantas y tantas veces que finalmente y por ley universal se volvieron parte tangible de tu vida. Sé que puede parecer muy simple ejemplificado de esta forma. Pero **para la mente creadora de realidad, no existe una manifestación más o menos complicada que otra.** Desde el punto de vista del plasma, la sustancia formadora de materia, no hay diferencia alguna entre crear la acción tangible de encender un fuego y cocinar una cena o traer al plano físico consciente una nueva casa o el trabajo soñado.

Las limitaciones son algo que el ser humano se inventó simplemente para evadirse de su responsabilidad. Al igual que los tiempos. Creemos que algo es más difícil, por lo tanto, tardará más; en honor a la verdad, sí, tarda más, tarda lo suficiente para encajar con nuestra imagen mental preestablecida; tarda lo que tardamos en darnos cuenta que realmente es posible de lograr. Para el universo es igual, sus posibilidades son infinitas, y se manifiestan simultáneamente las veamos o no. El prana obedece al testigo, si él se cree limitado, así será, sin excepciones. Comprendiendo esto, todo límite externo e interno se desmorona.

Y en buena hora.

La Clave Para Comenzar A Cambiar Tu Realidad

EN BASE AL PRINCIPIO de mentalismo ya podemos comenzar a moldear nuestra realidad. Sin embargo, es importante no sólo tener presentes los demás principios, sino también es fundamental entender de dónde venimos.

Para acelerar el proceso, podemos darnos cuenta de que, en definitiva, somos a grandes rasgos un constructo mental de las creencias que fuimos acumulando. Y son éstas las que nos llevaron a manifestar el contexto en el que vivimos a día de hoy. Sé que la gran mayoría te dirá que debes indagar en las causas, encontrar esos momentos del pasado en los que tus creencias tomaron más fuerza, remover una y otra vez lo viejo hasta que creas haberlo superado. Aquí te digo, que, si está en el pasado, es justamente que ya lo has superado.

Desde mi prisma y por experiencia propia, te digo que poner tu atención en las causas pasadas sólo sirve para volver a traerlas al presente. En cambio, te propongo que te limites sólo a entender que todos los efectos que veas en tu vida actual y no te gusten, los entiendas como consecuencia de esos constructos mentales que tú no elegiste de manera consciente. Limitando tu acción, a focalizar tu atención en los pensamientos que sí desees comenzar a ver a partir de ahora.

Los viejos constructos aparecerán, sí, por su propia inercia querrán ser alimentados como lo venían siendo. Pero tu atención no estará ahí, los verás, los escucharás; pero ya no tendrán poder alguno, y progresivamente sólo quedará en tu programa mental, lo que sea que tú hayas decidido para tí. Y eso se reflejará inevitablemente en tu realidad.

Todo se reduce a tí, todo se reduce a tu atención, y a encontrarte en el lugar de creador de tu propia vida, de tu propia realidad. Si deseas asumir el compromiso y hacer de tí la versión que siempre soñaste, estos principios te darán las claves para lograrlo en tiempo récord y en armonía con todo lo que es.

Si lo que buscas es pensamiento "mágico" o soluciones externas, lo siento, pásale el libro a alguien más porque esto no es para tí. La única forma de crear lo que sueñas es retomar tu trono, alinearte con tu divinidad, y ser 100% responsable de todo lo que ocurre en tu propio universo.

Ser 100% Responsable De Tu Vida Tal Cual Es

Ésta es la primera de las claves, retomar tu rol de responsable, al entender estos principios entiende también que nada ni nadie tiene poder sobre tu realidad excepto tú. Ni la situación económica, ni el gobierno, ni las iglesias, ni tu ex pareja, ni tus aparentes limitaciones.

Todos y cada uno de los elementos que componen tu contexto actual fueron creados por tí; muchos de manera inconsciente, es verdad, pero al fin y al cabo fueron creados por tí. Esto muy lejos de ser una carga, o inspirar sentimientos de culpa y reproche, debe ser una inspiración. Saber que, de ahora en adelante, tú, y sólo tú decidirás cómo será tu vida, debería ser una motivación inmensa.

Hasta ahora creías que eras limitado por cosas ajenas a ti, y ya sabes que no es así; esto abre una puerta de posibilidades infinitas, al descubrir que cualquier cosa que existe en tu mente no sólo es una manifestación en potencia, sino que además...ya existe. A este entendimiento llegaremos en la siguiente ley, ahora debes saber que existe, en otro plano ya es tuyo sólo por el hecho de que puedas pensar en ello.

Los pensamientos son cosas. Mientras sigas buscando causas o culpables afuera no llegarás más lejos de lo que llegaste hasta ahora. Muchas veces puede parecer que las causas provienen del exterior y que nada podemos hacer, pero es sólo una apariencia. Todo lo que ocurrió, ocurre, y ocurrirá en tu realidad consciente es efecto de causas decididas por ti.

Cuando entendemos esto, tenemos dos caminos, remover todas las causas viejas o comenzar a sembrar causas nuevas. Yo te digo que optes por la segunda opción; las causas viejas pasarán, y cuando te encuentres con algo que provenga de ellas, si estás en ese estado consciente de ser creador de tu propia vida, serán sólo una anécdota. No serán problemas, serán pasos lógicos a pasar para dejar atrás lo inconsciente y comenzar a cosechar lo que conscientemente estarás sembrando. Así que, debes ser el único responsable de todo, todo lo que ves es tu creación. *Lo bueno y lo malo; lo malo pasará, mientras tanto, recuerda que no sólo estarás sembrando realidades prometedoras y que deseas, sino también, que hay mucho de lo que ya venías sembrando que tiene un inmenso valor.*

¿Qué tal si durmieras?

> *¿Qué tal si durmieras?*
>
> *Y qué tal*
>
> *Si en tu sueño soñaras?*
>
> *Y qué tal si en tu sueño*
>
> *Fueras al cielo*
>
> *Y allí eligieras una extraña*
>
> *Y hermosa flor?*
>
> *Y qué tal*
>
> *Si cuando despertaras*
>
> *Tuvieras esa flor en tus manos?*
>
> *Ah, ¿qué harías?*

Samuel Taylor Coleridge

El poeta habla metafóricamente, yo no. Yo te digo que mediante estos principios puedes tener en tus manos cualquier clase de flor que desees. Simplemente conociendo y aplicando las leyes naturales por las que se rige nuestro universo. A eso viniste, a experimentar en plenitud todo lo que seas capaz de soñar.

> **"Empieza con el fin en mente. Empieza con el resultado final y trabaja hacia atrás, para hacer que tu sueño sea posible. Cuanto más te veas a ti mismo como lo que te gustaría llegar a ser, y más actúes como si lo que quieres ya estuviera aquí, más se van a activar esas fuerzas latentes**

que colaborarán para transformar tu sueño en tu realidad."

Wayne Dyer

Los 4 Paradigmas

Etimología. El término paradigma se origina en la palabra griega παράδειγμα [parádeigma] que en griego antiguo significa "modelo" o "ejemplo". A su vez se divide en dos vocablos παρά [pará] ("junto") y δεῖγμα [deīgma] ("ejemplo", "patrón"). Originariamente, significaba patrón, modelo.

Un paradigma es básicamente, el modelo que aceptamos, ya sea de forma consciente o inconsciente, y sobre el cual edificamos nuestra realidad. Es el lugar al que nuestro cerebro se remite cuando necesita saber si algo es posible o imposible, o si tenemos lo necesario para lograr lo que sea que deseamos. Nuestro paradigma define en gran parte nuestros programas subconscientes, muy pronto entenderemos porqué, si queremos crear nuestra propia realidad, aprender a identificar y controlar esto nos resultará muy importante y beneficioso.

En la actualidad existen cuatro paradigmas imperantes que, por convención, la mayoría de nosotros aceptamos como "reales". Sin embargo, son estos, las cuatro cárceles que nos aprisionan. Cárceles sobre las que nos advierten todas las enseñanzas antiguas y modernas, desde la Biblia con los cuatro jinetes del apocalipsis, hasta la psicología con el mapa de Pierce.

Me gustaría que entendamos algo, que es todavía mucho más importante, porque cuando digo que el ser humano está atrapado lo digo muy literalmente. Aunque hay que hacer una aclaración fundamental. Si bien se podría decir que estamos atrapados o presos, también se puede decir a ciencia cierta que estamos presos por una decisión propia. Aceptamos inconscientemente esos mandatos y esas cárceles, quizás a conciencia, o quizás sin saberlo; sea cual sea el caso, sean cuales sean las fuentes, todo puede resumirse en que, lo que nos encarcela son principalmente nuestras propias creencias limitantes.

Cuando me refiero a las cuatro cárceles, son aquellas que alimentan nuestras creencias limitantes; aquellas que disponen lo que es bueno lo que es malo, lo que se puede lo que no se puede; y no podemos salir de una cárcel si no sabemos que estamos en ella. Para saber que estamos en ella tenemos que conocer los paradigmas que nos están limitando.

De manera consciente o inconsciente estos cuatro paradigmas rigen la sociedad hace más de 2000 años, y la verdad es que los conocemos muy bien. **Son la ciencia, la política, la economía y la religión.**

Para empezar a crear una conciencia extraordinaria, y comenzar a manifestar nuestra propia realidad, lo primero que tenemos que entender es que debemos vaciarnos de estos cuatro paradigmas. Normalmente las personas cuando tienen un deseo, un anhelo o una necesidad, lo primero que hacen es recurrir a algunos de estos cuatro paradigmas. Si lo que quieren es más dinero recurren a la economía y le preguntan cómo está el dólar o cómo está el euro, si hay mucho trabajo o si hay escasez de empleo; si lo que quieren es más salud acuden a la ciencia y le preguntan si su enfermedad tiene cura, o qué clase de tratamiento se necesita; si lo que quieren es espiritualidad acuden a la religión para saber cómo deben actuar, o no deben actuar; y si lo que quieren es poder o seguridad, recurren a la política. Y, en honor a la verdad, a menos que hayas nacido en un entorno muy particular, así es como nos dijeron que se hace. Porque así le dijeron a los que vinieron antes que nosotros que se hacía.

Sin embargo, podemos mirar y ver alrededor, que el 97 por ciento de la humanidad no está viviendo la vida que desea. Si ese 97 por ciento, actúa de la misma forma y le pide permiso a estos 4 paradigmas, y no obtiene los resultados... ¿por qué seguimos imitando el pensamiento rebaño?

Si llevamos nuestra atención al 3 por ciento restante, nos encontramos con que son esas personas que consideramos extraordinarias. Esos seres que admiramos y creemos que son únicos, porque aparentemente para ellos nada es imposible, por lo tanto, pensamos que tienen algo especial; que tienen un talento, o que nacieron con alguna clase de ángel o don divino del cual nosotros no disponemos.

La verdad es que la única diferencia entre esa minoría y la masa, es exactamente de lo que estamos hablando. Las personas como Mark Zuckerberg, Warren Buffett, Anthony Robbins, Jeff Bezos, incluso los Edison, Da Vinci, Tesla, etc. No sólo no le piden permiso a nada ni nadie para llevar a cabo lo que ellos desean; sino que también conocen estos siete principios universales. Puede que no como los explico aquí, puede que su fuente haya sido otra, o la propia experiencia. Pero puedo decir que me he tomado el tiempo de estudiar a la mayoría, y todos los aplican, sin excepciones.

Esa es la única diferencia, esas personas saben que si desean algo depende enteramente de ellas. Además, es bien conocido que en las crisis económicas es cuando más millonarios se hacen alrededor del mundo; por ejemplo, como son más que conocidas miles de historias de personas a las cuales la ciencia les dijo que su enfermedad era terminal, o incurable, y luego viven décadas en perfecta salud.

Entendamos entonces, sabiendo lo que sabemos, que toda realidad se crea primero en nuestra mente; **no hay ninguna clase de limitación, nada que venga del exterior tiene derecho ni puede decirnos lo que es real o lo que no para nosotros.** Sin ir más lejos, hace cientos de años, cualquiera que hubiese pensado que la tierra podía llegar a ser redonda hubiera sido tildado por loco o quemado en la hoguera. Sin embargo, hoy todos sabemos que la tierra tiene forma esférica, y quizás, dentro de mil años nuestra visión de la tierra esférica sea solamente una anécdota para los libros de historia.

Históricamente, los expertos se equivocan. Posiblemente en un par de décadas salga un científico a comprobar que la tierra parece esférica, y la realidad no es más que una proyección holográfica sostenida por el inconsciente colectivo. Entendamos que lo más probable es que dentro de quinientos, o mil años, todas las cosas que hoy consideramos como reales e inamovibles, muy probablemente sean un chiste. Todas las cosas que se basan en estos cuatro paradigmas.

Ahora bien, aclaremos algo porque sé que más de uno puede llegar a pensar que hay que renegar de la política, romper las leyes o dejar de usar la tecnología y nunca más acudir a un doctor.

No se trata de eso, **se trata de unificar.** Toda enseñanza iniciática antigua o moderna se trata de unificar. Toda persona de éxito o sabio nos invita a trascender. Se trata de aprender a usar lo que tenemos, a jugar con ello, pero sin creérnoslo del todo. Sin darle ese rol de que sea alguien más quien decida qué es posible o qué es imposible para nosotros. Se trata de ponernos en el centro de los cuatro paradigmas y desde ese lugar, aprendiendo a jugar con el entorno, crear un paradigma propio. Incluso tampoco deberías tomar como propio nada de lo que se diga en este libro, ni mucho menos creerlo sólo porque esté escrito; sí, deberías comprobarlo, y en base a lo que mejor funcione para tí, tomar como propio lo que decidas.

Por eso debemos vaciarnos de los cuatro paradigmas, para poder traspasarlos y al traspasarlos, integrarlos. Sacar de ellos el mejor provecho, ya que convengamos que cualquier deseo o anhelo que tengamos, o al menos la gran mayoría de ellos, dependen en gran medida de nuestra visión de la sociedad actual. **Debemos valernos de los paradigmas para alcanzar nuestros objetivos. No debemos**

valernos de ellos para determinar nuestras posibilidades, nuestras posibilidades son infinitas.

Por lo tanto, si queremos alcanzar nuestras metas o deseos, debemos aprender a jugar con lo que tenemos afuera. Sin caer en el error de que ese afuera determine nuestra realidad. Siendo siempre conscientes que estamos en un juego, que algunos quieren manejar, es verdad. Pero dentro de nuestra realidad, dentro de nuestro mundo y de nuestro universo, nosotros somos los dioses. Nosotros somos quienes decidimos lo que para nosotros es posible; nosotros decidimos la economía que queremos tener sin importar lo que diga el noticiero de turno, sin importar si la bolsa cayó o si el dólar subió; si nosotros queremos y merecemos abundancia o cualquier otra cosa, sabemos que lo único que tenemos que hacer es enfocar nuestro pensamiento en nuestro deseo, y actuar en condición a eso la mayor parte del tiempo. Esto quedará demostrado mientras vayamos profundizando en las leyes.

Si se desea crear realidad propia, nada de afuera tiene influencia, todo es una herramienta, todo es un aprendizaje; pero nada define lo posible y lo imposible, sólo el observador, sólo el centro de cada universo define lo real. Nosotros mismos somos ese centro, esos ojos que ven, que miran, que sienten y que manifiestan lo que desean.

Lo que buscamos es que esa manifestación sea lo más consciente posible, para eso hay que salirnos del plan establecido. Ya sabemos que no funciona, lo hemos visto durante décadas. Ya sabemos que el sistema político va y viene, que la economía baja y sube, que las enfermedades se curan y aparecen otras, que las religiones se caen. Y cada vez sabemos con más certeza que ninguna de las religiones nos cuenta nada de lo que dijeron los grandes iluminados.

Como Saber Si Estás Cayendo En Paradigma Ajeno

Podemos detectar cuando estamos cayendo en alguno de los cuatro paradigmas de forma muy simple, al comenzar a familiarizarnos con los principios esto será de vital importancia, ya que podemos saber si estamos creando nosotros o si están creando por nosotros.

El proceso necesita práctica, más es muy sencillo, se nos pide que empecemos a practicar una de las más grandes cualidades de las conciencias extraordinarias, la honestidad y la auto escucha.

Para darnos cuenta si estamos cayendo en alguna de las cuatro cárceles debemos estar atentos de nuestros pensamientos y de nuestra palabra. Buscar en el día a día cada momento en el que nuestra mente o nuestra palabra se vaya a los verbos tener, poder, creer, saber y deber.

Cuando pensamos o decimos no tengo, estamos haciendo referencia al economista que está dentro nuestro, nos dice lo que es posible y lo que no, aparentemente; según nuestra situación actual.

Cuando decimos no puedo, estamos haciendo referencia a un político que tenemos dentro por la acumulación de preconceptos que vienen de muchos años atrás, y nos está diciendo lo que podemos o no podemos hacer.

Cuando decimos no lo sé, estamos haciendo referencia a ese científico que busca respuestas en base a lo que ve a su alrededor, y muy posiblemente no las encuentra.

Cuando decimos creo o no creo, estamos haciendo referencia a ese religioso que está dentro nuestro, y que cree o no cree en algo ajeno a él. Lo mismo ocurre con el deber, este puede según la situación, referir a la política o a la religión.

Cuando empecemos a mirarnos internamente y a escucharnos, veremos que muchas veces pedimos permiso a estos cuatro personajes. En esos momentos es cuando debemos estar bien atentos para poder reformular nuestro pensamiento, así decirle a nuestra mente subconsciente que ahora los que estamos a cargo somos nosotros. Los creadores de la realidad a partir de hoy somos nosotros, ya no más, ni el político, ni el científico, ni el sacerdote, ni el economista.

Así, progresivamente, porque todo en la realidad y en la manifestación es un proceso, vamos a ir consiguiendo ponernos cada vez más en el centro de la creación de nuestra realidad. Para que, progresivamente, esos factores externos tengan menos y menos influencia sobre nuestra manifestación. Hasta que, finalmente podamos ser completamente amos y señores de lo que vemos en nuestra vida, y podamos alcanzar ese nivel, de esas personas que tanto admiramos y creemos, o creíamos, que habían sido tocadas por una varita mágica. Hoy sabemos que somos exactamente iguales a ellos y podemos hacer cualquier cosa que deseemos, ahora sólo queda empezar a mirarte, empezar a prestar atención a tus pensamientos y a tu palabra, empezar a trabajar esa honestidad que tanto profesaron los grandes sabios y los grandes iluminados; esa que tiene el potencial de llevarte no sólo tu mejor versión, sino a la mejor versión de tu vida, de tu realidad y de tu máximo poder creador.

Profundizando en las leyes universales, profundizarás en ese poder creador. Y comenzarás a ver resultados mucho antes de lo que imaginas.

Creando A Cada Minuto

Desde que nos despertamos, hasta que nos vamos a dormir, estamos tomando decisiones; constantemente estamos decidiendo, levantarnos o pausar el despertador, tomar café o desayunar de forma abundante; incluso si decidiéramos no decidir estaríamos decidiendo procrastinar.

Cada segundo eliges algo, y ese algo será causa de un efecto. No es necesario creer en las leyes universales, sin embargo, al mirar honestamente tu vida verás que están allí. Puedes negar la gravedad, pero si saltas de un edificio, caerás en picada.

Digo esto, porque al comenzar a mirarse y escucharse, se comienza a descubrir este constante decidir. Mientras se identifican los paradigmas y se van ubicando de manera correcta para alcanzar nuestro paradigma propio lo veremos. Al verlo deberemos tener nuestros objetivos muy claros, ya que nos daremos cuenta que siempre habrá una decisión que nos acerque más a nuestra mejor versión, y una que nos mantenga en nuestra zona de confort. Con la práctica de la auto escucha descubriremos también, que hay una parte nuestra, que sabe a cada instante cuál de las opciones es la correcta. El aprender a escuchar esto, que mal llamamos intuición, sabremos de forma muy simple qué elección es la correcta (porque nos dará un sentimiento de plenitud y bienestar), y cuál es la incorrecta.

Todos tenemos un "maestro" interno que sabe el camino. Al empaparte en estos principios y comenzar a escucharte lo descubrirás.

Debes decidir a cada instante ser un poco más esa versión de ti que sueñas, porque ya es parte de ti, debes dejar que se manifieste.

SAR

El sistema de activación reticular (SAR) es un mecanismo que posee nuestro cerebro para saber a qué parte de nuestro entorno debe brindarle mayor atención. Seguramente, debe haberte ocurrido que en algún momento pusiste tu atención en algo que deseabas y de repente comenzaste a verlo por todos lados. Esto tiene explicación científica, y es que, nuestro sistema de activación reticular, mediante el uso consciente de tu atención, entiende que eso que tú deseas es a lo que debe prestar más atención cada vez que reciba un estímulo externo acorde.

Sabiendo esto podemos, y debemos, usarlo a conciencia para poner nuestra atención en los lugares correctos. Con este fin, es muy útil desarrollar estándares altos. Elevar la vara, principalmente de lo que esperamos de nosotros mismos. De esta forma obligamos a nuestros SAR a poner su atención en todo estímulo externo que coincida con esa imagen mental y esos estándares que nos fijamos para nuestra realidad.

Siempre que pongamos nuestro foco de pensamiento en algo, ya sea, mediante repetición, visualización creativa, atención enfocada o estímulos externos decididos a consciencia; estaremos literalmente obligando a nuestro sistema nervioso no sólo a poner atención, sino también a hacernos notar de forma evidente cada cosa que aparezca en nuestro entorno y esté directamente relacionada con el pensamiento que hemos ubicado.

La Imagen Mental

Para poder decidir y manifestar correctamente cualquier cosa que desees es indispensable que tengas primero una sólida "imagen mental". Cuando me refiero a imagen mental, hablo de una imagen vívida de tu deseo ya cumplido; hablo de una imagen que puedas ver al cerrar los ojos y recordar con tanta facilidad como puedes recordar la mejor escena de tu película favorita, o el mejor momento de tu vida.

Nuestra imagen mental actual, es resultado de todo lo que nos creímos de nosotros mismos. Y muchas de esas cosas nos fueron dichas por personas ajenas a nosotros. A partir de ahora, debemos ser creadores activos de quienes queremos ser.

Debes sentarte, mirarte, y descubrir que deseas para ti. Debes anotarlo, debes aprender cada detalle; debes poder imaginarte de hoy a 1 o 5 años con total claridad, teniendo todo lo que deseas, disfrutándolo y dándolo a los demás. Imagina y conoce cada detalle de tu "yo ideal", de tu "yo perfecto", imagina como camina, como viste, como habla, como respira… y como piensa.

Cuando tengas esta imagen bien definida, podrás empezar a ser quien deseas casi sin esfuerzo. Cuando tu imagen mental se transforme en un hábito comenzará a verse en pequeñas cosas de tu cotidianeidad, luego se convertirá en una creencia. Es ahí cuando emanarás tu deseo, caminarás, respirarás y pensarás como tu mejor versión. Y tú deseo por ley universal deberá manifestarse, **tu mente estará obligada a llevarte a destino, y la energía estará obligada a tomar la forma de tu pensamiento.** El universo es mental; mediante el pensamiento enfocado la energía libre se torna en energía concentrada, que es lo que entendemos por manifestación visible en nuestro mundo.

Una buena aplicación práctica es escribir con lujo de detalles tu vida perfecta de aquí a cinco años. Luego en base a ellas escribir tu vida ideal dentro de un año, e ir poniendo metas que consideres poder lograr a corto plazo y te lleven a tu mejor versión.

Recuerda que debes tener una imagen tan clara de tu deseo que puedas verla con lujo de detalles a cada momento, no sólo cuando "visualizas" antes de dormir. Tu imagen mental debe convertirse en tu modelo de vida, en tu ejemplo a seguir. Debes saberte siendo esa persona que admiras, no solo admirando a otra persona. Debes convertirte en tu propio mentor, formar una imagen tan clara de tu vida soñada que puedas llevarla contigo todo el tiempo; en el trabajo, en tu coche, con tus amigos, con tu familia. Debes vivir en base a esa imagen, da igual lo que veas en el exterior, debes pensar como tu yo perfecto, ser tu deseo cumplido, sin importar nada de lo que puedas ver afuera. Así tu deseo será tuyo.

"Las cosas que se ven, están hechas de cosas que no se ven"

San Pablo

"Donde va tu atención, va tu energía, y en eso te conviertes"

Saint Germain

PSICOLOGÍA: ETIMOLOGÍA

- **Psique**, del griego ψυχή, *psyché*, "alma" designaba la fuerza vital de un individuo, unida a su cuerpo en vida y desligada de éste tras su muerte.
- **Logia,** El elemento compositivo -**logía** (ciencia que estudia lo que indica la raíz que precede este lexema) viene del griego, de la raíz de λόγος (logos = palabra, expresión) más el sufijo -ια (-ía = cualidad).

"El Todo es mente, el universo es mental

"al no poner nuestra vista en las cosas que se ven, sino en las que no se ven; porque las cosas que se ven son temporales, pero las que no se ven son eternas"

2 corintios 4:18

CAPÍTULO 3

Ley Universal De Correspondencia

"Como es arriba es abajo; como es abajo es arriba"

El Kybalión

La segunda Ley, o principio universal es el de correspondencia o reciprocidad. Encierra en sí la verdad de que en todo lo que existe hay una correspondencia, y la misma se manifiesta en todos los planos; tanto en los que conocemos como en los que hasta ahora nos son ajenos.

Como es arriba, es abajo. Como es dentro, es fuera.

Esta ley universal se relaciona directamente con la anterior, y nada escapa a ella. Nos invita a comenzar a mirar detrás del velo de la manifestación para poder entender como creamos y porque "como es arriba es abajo". Esto bien puede ser confirmado por nuestra ciencia actual, La composición de la célula o del átomo más pequeño conocido por el hombre, es exactamente igual en esencia al cielo que vemos, a las galaxias incluso al universo en su totalidad. Lo que es en micro, es en macro.

Para comprender de manera práctica esta afirmación hay que adentrarse en la creación mental de la realidad. Dentro de cada ser humano, coexisten 3 planos mentales o de conciencia; hay quienes los llaman dimensiones.

La primera es la mente consciente, la más terrenal. Esta representa lo más denso de nuestra realidad, es decir, lo ya manifiesto. Es ese 1% donde convergen nuestras manifestaciones tangibles y la parte de nuestra mente de la que tenemos control consciente, nuestro foco de atención. Es también llamada "tercera dimensión".

La segunda "mente" o plano mental, es el tan famoso subconsciente. En este plano están guardados todos nuestros "programas" o creencias, ya sea que las hayamos elegido o no, ahí se ubican. Y su función es automática. Reacciona a la realidad en base a los programas que tiene dentro. Por eso vemos a tantas personas que viven "en automático". Porque es el subconsciente, o la cuarta dimensión de la conciencia la que domina entre el 90 y el 95 por ciento de nuestro actuar en la vida cotidiana.

Ahí la importancia directamente relacionada con la ley de mentalismo. Ya que, una vez elegidos nuestros propios programas o creencias. Estos actuarán en automático, llevándonos a donde sea que deseemos ir. En cambio, si estos programas no son elegidos intencionalmente con el fin de un pleno desarrollo de nuestro ser, nos llevarán a seguir viviendo situaciones como las que venimos repitiendo hace tanto tiempo. Es pura lógica, si el cerebro busca la supervivencia y ahorrar energía en base a lo que entiende que es el lugar más conocido al que debe llevarte, ahí te llevará. El problema es que hicimos conocidos lugares que no deseamos, lugares como el miedo, la escasez, la enfermedad. ¡Esas son las anomalías! Lo normal a nivel universal es la abundancia, la salud, el amor.

Debes comenzar a "engañar a tu mente" para que vea como normal esas realidades que quieres para ti. Una vez que la mente entiende, que eso es lo "normal", entiende que es la zona más segura para ti. Esto hace que esté obligada a llevarte ahí, no importa que tú no veas ahora la forma, no es tu trabajo. La mente está obligada a encontrar el camino, es su función, es la herramienta, no el artista. El artista eres tú.

Ahora bien, existe un tercer plano, en él está la clave para entender este principio.

La Supra conciencia, el plano Supra consciente, es lo que se conoce como la quinta dimensión. La mente del todo. Es aquí donde habitan todas las posibilidades, es donde se esconde la fuente de la creación divina. Es lo que la física cuántica denomina el "campo unificado", en él está todo el potencial de la creación. Pasado presente, y futuro de todas las posibilidades; sucediendo de forma simultánea.

En este plano, en la mente de Dios. Todos los pensamientos e ideas existen simultáneamente, son un hecho consumado y tangible. Y nosotros somos en esencia, ese todo. Es lo que en hinduismo se representa como Shiva, el Padre en la ideología cristiana, es esa parte de nosotros que "olvidamos" y es donde habita la gran llave del cambio.

Wayne Dyer hace una gran analogía sobre el tema. En una de sus conferencias invita a los asistentes a imaginar esta mente universal como un gran Shopping. En el cual la forma de pago es a través de pensamiento y palabra. Explica que cada día, esta quinta dimensión nos da un número de pensamientos, para que los cambiemos por cosas. Y el ser humano, normalmente, gasta todos esos pensamientos en cosas que no quiere. Van por las tiendas diciendo "hay que lámpara horrenda, deme tres". Al final del día, llega a su casa, y ve todos esos aparatos que le parecen horribles y exclama "¡porqué tengo todo esto en mi casa!"

Así es como vamos por la vida, poniendo nuestro foco en lo que no deseamos. **Es sólo un cambio de foco lo que es necesario para el cambio.** Pero debe ser constante y consciente. Como es arriba es abajo. Todo pensamiento que puedas pensar, ya existe, es una realidad en potencia; que tú no veas el cómo, es otra historia, y no es ni siquiera tu función. Es muy probable que la mente universal posea uno o dos recursos más de los que puedes ver o entender con tu mente condicionada.

Insisto, si puedes pensarlo, ya existe en este plano. Y casi de seguro ya hay como mínimo un par de personas en el mundo que lo han logrado. Y si no, es tu deber ser el primero.

Al entender esto, entendemos, que, mediante nuestro foco de pensamiento constante, en la tercera dimensión, que es la que podemos controlar al 100%. Informamos a la mente del todo, que ese pensamiento es el que deseamos. Existe un período de inercia, que se comprenderá mejor en otra de las leyes, ya que tampoco sería lógico que pienses que deseas un elefante y aparezca en tu sala. No funciona así. Es un camino, que comienza así.

Progresivamente cuando tu consciente informe de forma constante al todo que realmente estás comprometido con tu manifestación X, ésta combinación ira dándole una nueva forma a tus procesos subconscientes. Y finalmente verás la manifestación en tu realidad. Debes ser lo que deseas antes de verlo.

Como es dentro, es fuera. Como es fuera, es dentro. Las paradojas son reconciliables.

EL TIEMPO DE LOS MAGOS

Todas las mitologías nos cuentan que tanto los magos, como los grandes alquimistas, iniciados e iluminados no veían el tiempo de la manera en la que lo entendemos hoy en día. Se dice, que no sólo veían el tiempo como algo circular, concepto que hasta aún hoy es entendido por las culturas iniciáticas, además se dice que veían el tiempo de adelante hacia atrás.

Esto va más allá de un entendimiento mágico o sobrenatural, siempre que lo veamos desde este paradigma, todo lo que esto nos enseña es que desde hace ya miles de años los iniciados tenían un conocimiento de estas leyes.

No es que vieran el futuro. Es que elegían de forma intencional, una posibilidad en el plano supra consciente, y vivían su vida al 100 por ciento de una forma correspondiente con esa elección hasta que finalmente la veían manifestarse. Ese es un poder que vive en cada uno de nosotros. Al que podemos llegar mediante la comprensión y práctica activa y comprometida de estos principios.

"Las cosas que se ven, están hechas de cosas que no se ven"

Llevado a una práctica diaria, es muy simple. Tus pensamientos y acciones deben corresponder a tu deseo. No puedes tener un cuerpo atlético sin desarrollar hábitos de ejercicio. Una realidad opulente o abundante nunca será correspondiente con una mentalidad de escasez ni con hábitos de pobreza. No puedes construir relaciones sanas sin vaciarte del miedo a sufrir o del apego emocional. Tu entorno, tu economía, tu nivel de energía, tus relaciones...todo es correspondiente a lo que tú estás emanando y decidiendo constantemente. Nada escapa a la ley.

Por eso se habla tanto, y muchas veces se malinterpreta, de que el otro es un espejo. Te está mostrando claramente lo que estas manifestando. Si es desagradable, te está mostrando el fallo en tu proceso de creación. Ni más, ni menos. Es tu deber desarrollar hábitos y pensamientos que sean correspondientes con tu ideal. Ese es el camino interior. Es la lucha constante entre nuestro ángel y nuestro demonio. Cada paso es una decisión, es tu atención, tu energía y tu acción enfocadas en una dirección concreta. Por lo tanto, cada paso debe ser correspondiente a tu destino elegido.

Toda conciencia extraordinaria, se sabe, por definición, un mago. Mago significa literalmente, aquel que vive de la fuente. La palabra Magia, no significa otra cosa más que crear realidad con la palabra. De hecho, el mismo término "abracadabra" es solo una distorsión intencionada del término **Aberah KeDabar** que literalmente significa "creo a medida que hablo". El término no alude a la fe, sino al acto de "crear" y no de "creer".

EJERCICIO PRÁCTICO:

Defínete A Tí Mismo

Ahora entendemos, que nuestra personalidad no es más que un cúmulo de etiquetas que transformamos en creencias. También nos vemos responsables, amos y señores de nuestra realidad.

Así comienzan los grandes acontecimientos, por decisiones, cambios de paradigmas. Si hay algo en lo que coinciden las personas más extraordinarias que habitaron la tierra es que ellos se autodefinían. Se sabían creadores, y por eso elegían sus propias etiquetas. Esa es la manera de pensar y actuar de una conciencia extraordinaria.

Imagínate frente al espejo, con tu mejor ropa, así es como viniste a este mundo. Ahora pregúntate, ¿Quién soy yo?, no vayas muy profundo para esta práctica, quédate en lo superfluo.

Responde a esa pregunta con todas las etiquetas que te vengan a la mente: hijo, padre, madre, vecina, ingeniero, hinduista, musulmán, mexicano, uruguayo, etc. También todo concepto que tengas sobre tí mismo: si crees que eres alegre o energética, carismático o introvertido, lo que sea que creas que te defina. Luego imagina que esos conceptos están escritos en un post-it, una nota adhesiva y todas esas notas se van pegando sobre tí, van empañando tu imagen en el espejo hasta que sólo puedes ver papeles amarillos que cubren todo tu reflejo. Básicamente, así fue como sucedió. Así se construyó nuestro ego, nuestra personalidad como conocemos y por tanto nuestros resultados actuales.

Ahora sacúdete, como un perro que sale del agua, haz volar por los aires todo eso que te cubre. Y acto seguido, toma en tu mente lápiz y papel, y elige cuidadosamente las etiquetas que desees ponerte de ahora en más. Exitoso, abundante, plena, feliz, lo que desees.

Entendamos que somos mucho más de lo que nos contaron, y entendamos, que el famoso libre albedrío consiste en eso. En construirte a ti mismo, libremente, desde un lugar que elijas solo tú, sin que nadie te diga lo que debes o no debes, ni mucho menos lo que es posible o imposible para ti.

Defínete, constrúyete a ti mismo. Elige y pégate esas etiquetas. Vive como si ya fueras eso que deseas.

El resto llegara a ti...por correspondencia.

El Ruido Mental Y La Meditación

Todos hemos sentido esa sensación de no poder detener nuestra mente, incluso rogar en vano que pare. Ese es el famoso ruido mental, esos pensamientos que parecen surgir de la nada y sobre los que creemos no tener control alguno.

El conocido término "no-mente" hace ya tiempo se ha popularizado, y malentendido. No creo que la pregunta adecuada sea ¿Cómo detener la mente?, quizás deberíamos preguntarnos ¿Por qué quiero detener mi mente?

Alcanzar el estado de evolución actual del ser humano tomó miles de millones de años, y durante todo ese tiempo la "fuente" se encargó de que nuestro cerebro alcanzara su máxima capacidad. Para que a partir de ella podamos trascender nuestra condición y retomar nuestra divinidad. Entonces, para encontrar respuestas correctas, debemos formular las preguntas correctas.

Si tu mente tiene la capacidad de materializar cualquier deseo en tu plano físico material... ¿porqué querrías apagarla? Si tu mente te llenara de pensamientos de gozo y plenitud durante todas tus actividades diarias... ¿Por qué desearías la no-mente? Quieres detener tu mente, porque aún no sabes usarla. Porque nos legaron un sistema de creencias que la puso al mando cuando no es más que una herramienta del ser.

Y para eso debería servir la meditación, no para apagar la mente, sino para encender al ser. No para callar los pensamientos, sino para trascenderlos e integrarlos. No se trata de parar todo ruido mental, se trata primero de elegir a que pensamientos les das tu atención y luego recordar que son una herramienta y que tú eres el dador de atención, no el pensamiento que es atendido.

En lo personal, soy instructor de meditación, tomé varios cursos sólo por expansión interna; hasta tengo diplomas, sin embargo, nunca dí clases particulares a nadie. Porque entiendo que es muy difícil explicar esto, y la mayoría de quienes buscan fuera de ellos estas guías en realidad lo que buscan es alguien que les diga cómo alcanzar la paz sin hacerse cargo de ellos mismos.

Meditar es sólo estar atento, es estar consciente, para pulir ese vínculo que fuimos ensuciando tanto, ese canal directo que siempre tuvimos con la supra conciencia, con la quinta dimensión, con la fuente. Si meditas para alcanzar un fin, ya vas tarde. Meditas para reconectar, para recordar que tú eres el fin, y el principio, eres alfa y omega. Meditas para recordar la paz que eres en tu más íntimo ser, no para alcanzarla. Si quieres alcanzarlo fuera, siempre escapará de tí.

Meditación no es más que una de las miles de formas con las que contamos para reconciliarnos con nuestra conexión con la fuente. El querer parar la mente es otra de las trampas del ego para mantenerte en sus zonas conocidas.

Con esto no quiero decir que no medites, sí quiero decir que lo hagas desde otro paradigma. El cerebro siempre estará activo, lo necesitas activo, no deseas parar tu corazón ni tu respiración cuando meditas, ni podrías imaginar desearlo. Es igual con la mente, solo que hasta ahora le habías dado otro status.

Y de eso se trata, de alcanzar un estado en el que puedas ver, digamos en tercera persona, tus pensamientos. Estén o no estén, da igual. Como si estuvieras en una nube, viendo pasar a las personas, identificándote con el observador, no con lo observado. Un estado en el que la mente pase a ocupar, desde tu perspectiva, el mismo rol que el corazón y la respiración. Están ahí, deben estarlo, pero no te definen, tu percepción los define, y esa percepción al meditar se enlaza con todo lo que es. El corazón está ahí, late, y eso contribuye a tu paz, a tu observación atenta y consciente, así deben comenzar a verse tus pensamientos.

Entonces sí...si tienes ruido mental, medita.

La meditación en sí misma no es importante, lo importante es permitirse, frecuentemente, la apertura a un espacio de silencio. Es en el silencio donde mejor podemos conectarnos con quien en realidad somos, es en el silencio donde aprendemos a escuchar lo que nuestro ser anhela genuinamente; **es en el silencio donde habitan todas las respuestas** y todas las palabras que pueden llegar a ser dichas. Los extremos se tocan, todas las verdades son semi-verdades, las paradojas son reconciliables.

SUPRACONSCIENCIA Y Mente De Dios

La supraconsciencia o la quinta dimensión es en realidad "La Mente De Dios", suena raro, sí, loco, también. Pero es una invitación a descubrir cómo piensa una mente creadora, y brindará a todo lector las herramientas para reconocer su propia mente creadora y partiendo de ella comenzar a vivir su mejor versión.

Lo siento, pero te estoy invitando a pensar como un Dios. A dejar de mirar afuera y empezar a crear desde dentro. A Recobrar eso que los Toltecas llaman IN IXTLI IN YOLOTL, que en náhuatl significa "Rostro y Corazón" y quiere decir, recobrar la identidad de tu verdadera grandeza, de tu realeza.

El concepto de un Dios de barba blanca sentado en una nube surgió hace miles de años, debido a la simple necesidad de poder explicar el poder creador de la energía que nos rodea. En ese entonces resultaba casi imposible explicar el hecho de que la energía más la información podía crear una manifestación visible. Hoy, sin pensar demasiado, podemos entender que si enviamos un WhatsApp es porque mediante la energía y la información podemos lograr que ésta viaje por nuestra realidad y se manifieste en un texto que puede leer una persona al otro lado del mundo.

Así funciona a grandes rasgos la supraconsciencia. El problema era que hasta ahora no tenías el "número" correcto.

Para entender que, en esta quinta dimensión, todas las posibilidades existen, y están teniendo lugar, y que esta consciencia no es más que una parte tuya en la que no estas poniendo suficiente atención; vamos a ver un experimento.

La teoría del campo unificado es ya por demás de conocida y aceptada. Resumida burdamente dice algo así: **La fuente de toda realidad material es el conocimiento puro, es la conciencia pura, es el campo unificado, es el campo de todas las posibilidades.** El experimento en cuestión, surgió hace ya varios años, por encargo del Maharesi (Mahareshi Mahesi Yogui). Quien pidió a un grupo de científicos, en su mayoría cuánticos, que descubrieran las cualidades del campo unificado. De esa fuente creadora. Este experimento está explicado maravillosamente en uno de los libros de Deepak Chopra.

Lo más llamativo fue, que, al llevar a cabo esta tarea, se encontraron con que las 25 cualidades que descubrieron y enumeraron son exactamente las mismas que se encuentran en los Vedas (los cuatro textos más antiguos de la literatura india, base de la religión védica) para describir las cualidades de Brahma, que es, en efecto, la fuente de toda la creación. Es decir, la supraconsciencia.

Éstas son sus cualidades:

1- EL POTENCIAL TOTAL DE LA LEY NATURAL

2- INFINITO PODER DE ORGANIZACIÓN

3- PLENAMENTE ALERTA DENTRO DE SÍ

4- CORRELACIÓN INFINITA

5- ORDEN PERFECTO

6- DINAMISMO PURO

Puede crear cualquier posibilidad en cualquier momento.

7- CREATIVIDAD INFINITA

8- CONOCIMIENTO PURO

Es el conocimiento de todo lo que es, fue y será. De todas las posibilidades.

9- ILIMITADO

No tiene límites, ni nociones conceptuales por obligaciones cognoscitivas prematuras. Es ilimitado en tiempo y espacio.

10- EQUILIBRIO PERFECTO

11- AUTOSUFICIENCIA

Todo está contenido en el interior del campo. Al regresar en sí mismo crea una y otra vez.

12- TODAS LAS POSIBILIDADES

Es el campo de todas las posibilidades de todo, en todo momento.

13 - SILENCIO INFINITO

14 - ARMONIZACIÓN INFINITA

15- EVOLUCIÓN CONSTANTE

16- AUTOREFERIDO

17- INVENCIBLE

18- INMORTAL

19- NO MANIFIESTO

20- NUTRITIVO

Nutre todo en la creación.

21- INTEGRADOR

Integra todo con todo.

22- SENCILLEZ PURA

No es complicado porque a nivel menos manifiesto, no es sino nuestra propia conciencia. Es la forma más sencilla, pura, de nuestra conciencia.

23- PURIFICADOR

Purifica todo con lo que entra en contacto.

24- LIBERTAD

25 - DICHA

El conocer estas cualidades debe servirnos, al menos por ahora, para comenzar a ver la idea de que estas cualidades habitan en nosotros. Puede que a un nivel que aún nos parezca imperceptible, sin embargo, esto no hace que dejen de habitarnos. Deben ser fuente de inspiración para sabernos creadores, a imagen y semejanza del todo; por lo tanto, con sus mismas cualidades.

Incluso el libro de Deepak Chopra al que antes hice referencia ("Como crear abundancia") termina con la frase "dentro de cada uno de nosotros hay un Dios en embrión; sólo tiene un deseo...nacer"

"Si quieres entender el Universo piensa en energía, frecuencia y vibración"

Nikola Tesla

CAPÍTULO 4

Ley Universal De Vibración

"Nada está inmóvil; todo se está moviendo; todo vibra."

El Kybalión

Albert Einstein[1], en su ecuación sobre la Energía en reposo ($E=MC^2$) expuso que la energía y la materia están directamente relacionadas, y que pueden transformarse la una a la otra. Con esta fórmula puso en jaque a la física clásica de Newton[2] y dió lugar a un nuevo entendimiento sobre el funcionamiento del mundo que conocemos, a través de la física cuántica. Que nos revela que las partículas diminutas que componen la materia son también ondas de energía que pueden actuar bien como partícula o como onda. En otras palabras, tal y como indicaba Einstein, realmente materia (partícula) y energía (onda) se convierten la una en la otra.

Esta ley o principio nos dice que todo vibra. Desde el Todo como la expresión más pura del ser, hasta la molécula más pequeña, pasando por los animales, vegetales o minerales, todo está en movimiento y todo tiene una vibración propia.

---

1. https://es.wikipedia.org/wiki/Albert_Einstein

2. https://es.wikipedia.org/wiki/Isaac_Newton

Al decir "nada está inmóvil", nos da una clara pauta de que todo se encuentra en una continua evolución, nada es estático aun cuando a nuestros ojos pueda parecer así. Existe un movimiento continuo en la realidad que habitamos. Lo que percibimos con nuestros sentidos, no es más que la traducción que hace nuestro cerebro de las vibraciones que recibe e interpreta.

El principio de la vibración nos explica que la única diferencia existente entre los distintos estados que percibimos de la energía o de la materia es su frecuencia vibratoria. Y esto en nuestro tiempo puede ser, y ha sido fácilmente comprobado por la ciencia.

Desde el punto de vista cuántico, energía y materia no pueden existir en una misma realidad si no solamente en la **probabilidad**. Esto significa que nuestro mundo físico está compuesto esencialmente de ondas y partículas que conforman entidades cuánticas y que sólo existen en forma de **infinitas posibles realidades**. Estas se manifiestan en la realidad, en lo que conocemos como nuestro espacio-tiempo, una vez que son observadas. La física cuántica denominó este proceso como «colapso de la función de onda»[3] o «efecto observador». Todo lo que existe en nuestra realidad física existe como puro potencial y es nuestra mente la que moldea la energía de las infinitas posibilidades tal y como queremos. Al igual que el mundo que te rodea en el que todo está vibrando, tú también estás vibrando, tienes una energía vital. Si pones atención a todos los procesos biológicos que tienen lugar dentro de tu cuerpo puedes llegar a percibir que todo está en movimiento.

Mientras más alta sea la vibración, más alta será su posición en la escala. Y es importante comprender que esto aplica incluso a pensamientos, sentimientos y emociones. Es por eso que en base a este principio los grandes maestros aprendieron no sólo a respetar toda manifestación

---

3. https://es.wikipedia.org/wiki/Colapso_de_la_función_de_onda

de la existencia, sino principalmente a dominar y controlar conscientemente sus propias vibraciones.

Este principio fue la base desde la que se popularizó la "ley de la atracción". Ley que cabe aclarar que funciona, sin embargo, es de entender para los que comprendemos los principios; que no funciona para la mayoría, ya que, si la entendemos como una ley aislada del resto de los principios, estamos dejando infinitos huecos y potenciales errores en su aplicación. En cambio, si esta ley se entendiese como una herramienta para alcanzar una comprensión práctica más profunda de estos principios universales, su utilidad y su eficacia tendrían un enorme potencial. Ya que si, es verdad que en base al nivel de tus vibraciones es lo que atraerás o manifestarás; más no por ley de atracción, sino por vibración y correspondencia.

Nuestra vibración y nuestra frecuencia vibratoria es lo que determina lo que tenemos en nuestras vidas. Las vibraciones similares vibran juntas. Todo lo que percibimos como nuestra realidad no es más que una consecuencia lógica de nuestro nivel vibratorio. Se podría decir que, si bien los principios anteriores son los que definen la manifestación, ésta sólo se produce cuando los anteriores se encuentran alineados con tu estado vibratorio de manera continua. Se dice que el Universo entiende principalmente de vibración. **Dicha vibración es el resultado de pensamiento, sentimiento y emoción alineados, "vibrando" como una unidad coherente.**

Entendiendo el principio de vibración entendemos y aprendemos a respetar todas y cada una de las diferentes realidades que coexisten en el mundo. Todos los seres humanos, aunque en apariencia existan diferencias sociales, poseen los mismos recursos. Estos recursos utilizados de forma correcta garantizan el éxito por sobre cualquier tipo de resultado que desee manifestarse. Cualquier cosa que se necesita para llevar este deseo a cabo es una manifestación potencial. Cada persona nace con: Tiempo, Mente, Energía, Cuerpo, Espíritu, Plan De Acción y recurso consecuentes con el plan de acción.

Todos los seres humanos poseemos estos recursos, sin entrar en tema, digamos que, en el punto de nuestro nacimiento se refleja la escala vibratoria que arrastramos.

Al aprender qué leyes rigen nuestra realidad comprenderemos también que, utilizados de forma sistemática, para que vibren de manera acorde a la vida que deseas, solamente es necesaria una decisión y el uso de la atención consciente; cuando todos estos recursos vibran de manera correspondiente con nuestro deseo todo lo que haga falta se manifestará en nuestra realidad.

Es importante para comprender bien este principio, saber que existen dos tipos de energías principales en la manifestación. La energía libre y la energía concentrada. La energía libre, es lo que entendemos como energía creadora, fuente; es manifestación en potencia, y su vibración es tan elevada que a nuestros ojos pareciera estática, por eso nos resulta prácticamente imperceptible. La energía concentrada es entonces, toda manifestación tangible que podamos ver y experimentar. Es todo lo que entendemos como realidad física en tercera dimensión.

Esta energía se convierte de libre a concentrada mediante nuestra atención e intención. Y conservará esa frecuencia que se le fue asignada. Es verdad, que existe también un subconsciente colectivo, que es el encargado de crear muchas de las realidades que nos parecen ajenas, y tiene influencia sobre nosotros. Pero ese no es tema para estos textos, entendamos que más allá de eso, sólo podremos influir sobre realidades ajenas o colectivas cuando seamos maestros conscientes de la nuestra de forma individual.

Esto significa, que, en base al principio de vibración, para manifestar cualquier cosa en nuestra vida lo que debemos hacer es alinear vibración y deseo. Entendiendo que, si no lo vemos manifestado, es porque está vibrando en un estado libre el cual aún no hemos alcanzado. Por lo tanto, para lograr que tome forma tangible debemos definirlo en nuestro pensamiento, poner la atención en él, y finalmente elevar nuestra vibración hasta que ambas sean correspondientes.

En este punto es donde se vuelve muy importante el sentimiento. Imaginemos que somos una radio. Está sintonizada en cierta frecuencia, por lo tanto, escucha lo que dicha frecuencia emite. Para oír algo que está en otra frecuencia, debemos sintonizarla primero. La frecuencia ya está allí, ya existe, sólo que tu radio no la ha sintonizado aún.

La forma de sintonizar, son nuestros pensamientos, pero esta radio sólo se escucha cuando el pensamiento es acorde al sentimiento.

Creer antes de ver, es fundamental. Y parece difícil, ilógico para alguien ajeno a los principios. Aunque la forma de lograrlo es realmente muy simple. Para conseguir creer antes de ver, agradecer los dones sabiendo que los vas a recibir como decía Jesús; solo hace falta una cosa, coherencia.

Cuando eliges una posibilidad de las infinitas, y pones tu foco de atención en ella, ya está creada, la veas o no. Cuando cada palabra que sale de tu boca está alineada con ese pensamiento, estarás siendo coherente; y la palabra es una expresión vibracional del pensamiento, es una vibración que haces tan tuya que sientes la seguridad para compartirla con el todo. Ahora bien, la suma de la vibración del pensamiento más la palabra, sostenidos en el tiempo de forma coherente, darán como resultado la seguridad de la manifestación a nivel sentimiento. Lo habrás pensado, imaginado y dicho tantas veces que sabrás a ciencia cierta que la única posibilidad es que lo veas manifestado en tu realidad. En ese momento es cuando cada latido de tu corazón comienza a vibrar acorde a tu deseo, y ese es el idioma del

Universo. Ahí es cuando verás tu creación. Dependiendo del estado en el que te encuentres puede que no la veas exactamente, o puede que no te llegue como por arte de magia, o puede que sí. Pero lo normal es que, como has estado tanto tiempo en otra clase de vibración, existe una especie de período de adaptación en el cual si bien no verás la manifestación tal cual deseas, encontrarás situaciones, personas, oportunidades, ideas o recursos, que te llevarán uno o dos pasos más cerca de tu meta final.

Por eso muchas veces la acción es muy importante. De nada sirve el conocimiento sin la aplicación. Como de igual manera de nada sirve la aplicación porque sí. El conocer los principios nos lleva a saber el valor de la acción, así como el de la palabra y el pensamiento. Y nos lleva al entendimiento de que, si bien la acción es tan importante como los otros procesos, hay momentos en los que es sabio actuar y momentos en los que es necesario no hacerlo de manera externa.

Para elevar tu vibración debes aprender a elevar tus niveles de energía de manera que sean acordes con tu resultado. Y para esto debes comenzar por eliminar de tu atención todo aquello que no vibre de manera acorde, esto muchas veces puede implicar que en un principio la acción necesaria no sea visible a ojos externos. Pero no implica que no se esté llevando a cabo.

Es ésta la aplicación más práctica que puedo recomendarte para tu vida diaria de este principio. Comienza a poner atención a todo lo que te rodea, y podrás notar que todo vibra en un cierto nivel. Te encontrarás con personas que vibran en abundancia, con otras que vibran en victimismo; con situaciones que vibran en armonía y otras que lo hacen en conflicto. Presta atención a todo, verás que todo vibra. Y partiendo de ese lugar, comienza a elegir, y a eliminar todo lo que no vibre acorde a lo que deseas para tu vida, para tu realidad. Todo.

Para aplicarlo sólo piensa lo siguiente. Si ya fueras esa persona que deseas ser, si ya tuvieras eso que deseas tener. Cómo pensarías, cómo hablarías, cómo te sentirías. Y comienza a vivir de esa manera. Y recuerda, que el cómo, no es tu problema; no necesitas saber cómo llegará, ni qué debes hacer paso a paso, eso se presentará solo y es ahí cuando te corresponde actuar. Pero no debes pensar en el cómo, mientras más libre sea la energía para crear los recursos que te lleven al resultado más rápido llegarás, y créeme que cuando debas actuar lo sabrás. Querer saber de antemano y controlar cada parte del proceso sólo lleva a entorpecerlo, debería ser más que suficiente para tí el saber que eligiendo el resultado éste se convertirá en una consecuencia inevitable en tu vida. Las leyes no dicen en ningún lugar que debas ocuparte de saber cómo, muy por el contrario. **Cambia tu vibración y cambiarás tu destino.**

Ocúpate del qué y el porqué, olvida el cómo, y verás el qué.

EFECTO PIGMALIÓN

No es descabellado afirmar que cada día en nuestras vidas hay actos que suceden porque, consciente o inconscientemente, estamos respondiendo a lo que las personas que nos rodean esperan de nosotros, para lo bueno y para lo malo. Puede tratarse de la expectativa de un amigo, de tu pareja, de tu jefe e incluso de hijos o familiares. Lo que los demás esperan de uno puede desencadenar en un conjunto de acciones que nos lleven mucho más allá de lo que podemos imaginar, en lo mejor y en lo peor. A este principio de actuación a partir de las creencias y expectativas de los demás se lo conoce en psicología como el Efecto Pigmalión.

El efecto Pigmalión se conoce como **la influencia que una persona puede ejercer sobre otra**, basada en la imagen que esta tiene de ella.

Sus creencias podrán influir en el rendimiento del otro, de esta manera se buscará que sus expectativas sean ciertas y se hagan realidad con conductas que tiendan a confirmarlas. Este efecto también se conoce con el nombre de «profecía autocumplida», y así haremos todo lo posible para que **aquello que consideramos o creemos que sucederá se haga realidad**. Puede influirnos tanto de manera positiva como negativa.

Según la leyenda griega que da nombre a este efecto, Pigmalión, antiguo rey de Chipre y hábil escultor que vivió en la isla de Creta. En cierta ocasión, inspirándose en la bella Galatea, modeló una estatua de marfil tan bella que se enamoró perdidamente de ella, hasta el punto de rogar a los dioses para que la escultura cobrara vida y, de este modo, poder amarla como mujer real. Venus decidió complacer al escultor y dar vida a esa estatua que se convirtió en la deseada amante y compañera de Pigmalión. La expectativa cargada de deseo se hizo finalmente realidad.

En el terreno de la psicología, la economía, la medicina o la sociología, diversos investigadores han llevado a cabo interesantísimos experimentos sobre la existencia y potencia del Efecto Pigmalión. Quizás uno de los más conocidos es el que llevaron a cabo en el año 1968 Robert Rosenthal y Lenore Jacobson con el título "Pigmalión en el aula". El estudio consistió en informar a un grupo de profesores de primaria que a sus alumnos se les había administrado un test que evaluaba sus capacidades intelectuales. Luego se les dijo a los profesores cuáles eran, concretamente, los alumnos que obtuvieron los mejores resultados. Se les dijo también que era de esperar que estos alumnos destacados en el test de capacidades fueran los que mejor rendimiento tendrían a lo largo del curso académico. Y así fue. Al finalizar el curso, ocho meses después, se confirmó que el rendimiento de estos "muchachos especiales" fue mucho mayor que el resto. Lo interesante de éste caso es que, en realidad, jamás se realizó tal test al inicio de curso.

Y los supuestos alumnos brillantes fueron un 20% de chicos elegidos completamente al azar, sin tener para nada en cuenta sus capacidades.

A partir de las observaciones en todo el proceso de Rosenthal y Jacobson, se constató que los maestros se crearon una tan alta expectativa de esos alumnos que actuaron a favor del cumplimiento de tal expectativa. De alguna manera, los maestros se comportaron convirtiendo sus percepciones sobre cada alumno en una didáctica individualizada que le llevó a confirmar lo que les habían dicho que sucedería.

Muchos otros estudios similares se han producido en los últimos años que han tendido a confirmar la existencia de este efecto, que, por otro lado, es de puro sentido común. Sin duda, la predisposición a tratar a alguien de una determinada manera queda condicionada en mayor o menor grado por lo que te han contado sobre esa persona. Y por correspondencia, recibirás de tal persona lo que sobre ella emanes.

Esto nos sirve para comprender mejor el efecto vibratorio del entorno sobre nosotros, como también para darnos cuenta que mediante nuestros juicios o preconceptos estamos influyendo de manera constante en las personas que nos rodean. Debemos aprender a respetar toda realidad, entendiéndola como el conjunto de situaciones auto decididas por cada ser. Esa es la mejor forma de influencia que podemos practicar de momento.

Sobre El Entorno Cercano

Hoy la ciencia moderna se va acercando gradualmente cada vez más al entendimiento de estas verdades universales y milenarias. La influencia externa queda en evidencia con estudios como el del efecto Pigmalión.

También nos demuestra que a nivel personal nuestros patrones tanto vibracionales como psicológicos son influenciados por nuestro entorno más cercano. En neurociencia se sabe y se afirma que somos en gran parte resultado de las cinco personas con las que mantenemos más contacto. Y que estas personas tienen un efecto directo en nuestros niveles de energía.

Entendiendo las leyes entendemos la importancia de saber utilizar de forma correcta y enfocada nuestra energía. Ahora entendamos también que, la influencia de nuestro entorno más cercano puede aumentar y potenciar esos niveles, o puede bajarlos. Es verdad que vibraciones superiores dominan por ley a las inferiores, sí, pero también es verdad que en un principio para producir un cambio en nuestros resultados es muy probable que debamos reorganizar nuestro entorno. Entiendo que esto puede no gustar a más de uno, o resultar difícil; aclaremos que, puedes volver luego y elevar la vibración del conjunto si así lo deseas; pero al principio, si no deseas entorpecer o estancar tu propio proceso evolutivo, casi siempre es necesario el caos que precede al orden. También es posible, en el plano de las relaciones, que nuestra propia evolución conlleve consigo rupturas o distanciamientos lógicos entre vibraciones que ya no son acordes. Las vibraciones similares siempre buscarán vibrar juntas.

Pongámoslo así, remitiéndonos solamente al sentido común, el menos común de nuestros sentidos hoy en día; si tu objetivo es ser libre, te será más fácil desarrollarte rodeado de personas libres, de las que puedas aprender y nutrirte; si deseas ser abundante y te rodeas de un entorno que constantemente se queja de la situación del país y lo mucho que odian los lunes y sus puestos de trabajo, tu proceso será mucho más complicado, ya que, además de tener que desmontar tus viejos programas deberás luchar con los ajenos; si quieres vivir sana y te rodeas de gente que se pasa las tardes alardeando de sus enfermedades, y prácticamente compitiendo para ver quién la pasó peor, te ocurrirá lo mismo; si deseas relaciones prometedoras, tu entorno debería tenerlas, si pasas tu tiempo hablando sobre cómo se pelearon con sus parejas o la aventura que tuvieron el fin de semana, ahí irá tu atención.

Vuelve a tu tierra como profeta, pero primero conviértete en uno.

Agua Y Vibración

Hace 25 años Masaru Emoto buscaba el modo de visualizar el poder sanador de los preparados homeopáticos que empleaba como terapeuta, cuya base es el agua. Mediante los cristales de hielo del agua, logró demostrar que ésta tiene memoria. El japonés ha estado llevando a cabo experimentos en todo el mundo sobre el efecto de las ideas, las palabras y la música sobre las moléculas de agua.

Se demostró con estos experimentos que el agua forma diferentes patrones cuando se expone a distintos estímulos. Al ser expuesta a música clásica, o palabras amorosas, positivas o de motivación forma patrones armónicos y hermosos. El agua cambia su estructura molecular en relación directa con los estímulos que recibe. Cuando en contraste se la expuso a vibraciones de odio, miedo, envidia, queja, sus cristales formaron patrones espantosos, totalmente caóticos, incluso patrones que provocan miedo. Estos experimentos están maravillosamente plasmados en el libro de Masaru Emoto "Mensajes del agua". Y ya que hace unos años esto se volvió muy viral no creo necesario indagar mucho más. Sin embargo, creo importante recordarlo.

"El agua es el espejo que tiene la habilidad de mostrarnos lo que no podemos ver. Es un modelo de nuestra realidad, que podemos cambiar con un sólo pensamiento positivo. Sólo se necesita fe, estar abierto", dice Emoto.

Si comparamos esto con lo que estamos viendo aquí, es un fiel reflejo de los tres primeros principios puestos en acción. Y por eso es que considero necesario el inciso. Ahora que somos conscientes de esto, así como de las primeras leyes universales, quizá podamos comenzar a darnos cuenta de que, incluso cuando los resultados inmediatos no son visibles, están ahí. **Nuestro propio cuerpo está compuesto en un 70 por ciento de agua. Y la superficie de la tierra es también un 70 por ciento de agua.** Incluso en el ambiente, en el aire que respiramos existe un porcentaje de humedad. Hemos visto anteriormente la prueba de que el agua, lejos de estar inanimada, está realmente viva y responde a nuestros pensamientos y emociones. Quizás, habiendo visto esto, podamos comenzar a entender realmente el imponente poder que poseemos al elegir nuestros pensamientos e intenciones, para impactar positivamente en nosotros mismos, así como en nuestro medio ambiente, por correspondencia.

Creación De Realidad Según La Kabalah

La Kabalah es una corriente de pensamiento que desde hace miles de años se dedica a explorar los secretos ocultos en la Torá y aplicarlos en la vida cotidiana para un máximo crecimiento del ser. Los kabalistas conocen perfectamente las leyes universales, ya que estas están de una u otra manera definidas en todo texto sagrado; y tienen una forma de explicar el proceso de creación de realidad propia, que entiendo puede sernos de mucha utilidad.

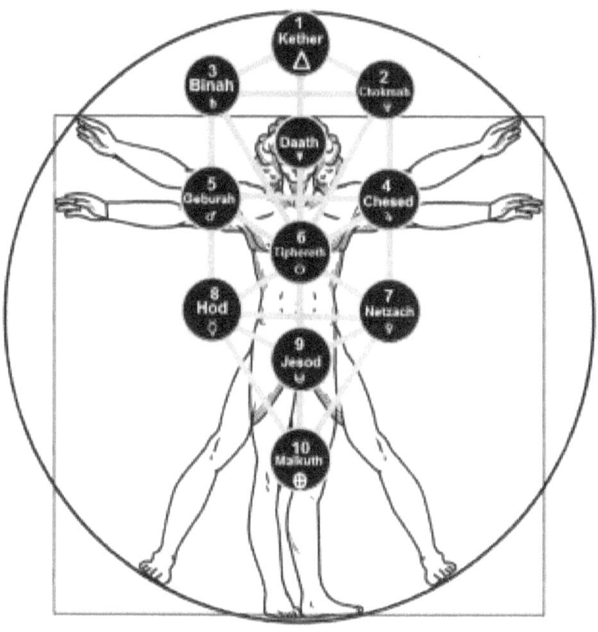

El proceso está perfectamente ordenado. Y según los expertos de esta corriente siguiéndolos en orden se pueden plasmar en realidad cualquier cosa que deseemos para así alcanzar el éxito. **Nos enseñan que una idea, es materia en estado potencial, en otras palabras, es la energía detrás de la materia; y que el éxito es la capacidad de materializar cualquier idea de forma tangible y efectiva.**

En la imagen vemos El Árbol de la Vida[4], aplicado al ser y su creación. Se representa en el conocido árbol[5] sefirótico. El mismo se compone de diez emanaciones espirituales por parte de Dios[6], a través de las cuales dio origen a todo lo existente. Estas diez emanaciones (llamadas cada una de manera individual *sefirá*, y en conjunto, *sefirot*), para formar el Árbol de la Vida se intercomunican a través de 22 senderos, cada uno ligado a cada una de las 22 letras del alfabeto hebreo[7]. Para fines prácticos vamos a ponerlo en palabras bien simples.

El paso número 1, es decir **la primera sefirá, es la mente del todo**; Kéther[8] (La Corona. Providencia equilibrante). La supraconsciencia, ahí comienza nuestra labor como creadores. Se dice que todas las posibilidades habitan ya en este plano, hay una frase muy hermosa de la Kabalah que dice que debemos ser como el árbol de la vida, pero invertido, anclar nuestras raíces en el cielo para dar frutos en la tierra.

Entonces, tenemos una idea o un objetivo, que nace del todo, al ver esa posibilidad y elegirla como un resultado deseado nos movemos automáticamente al **paso 2, que es la idea**. Jojmá[9] o Chokmah (La Sabiduría).

Aquí se entiende la idea como sabiduría, y se la representa con el hemisferio derecho. Refiere a las ideas apenas nacen en nosotros, cuando son un proceso creativo que puede de momento parecernos irreal o fantasioso. Sin embargo, al estar en nuestro pensamiento ha emanado del todo, por lo tanto, en el plano supraconsciente es una posibilidad tan viable como cualquier otra.

---

4. https://es.wikipedia.org/wiki/Árbol_de_la_vida

5. https://es.wikipedia.org/wiki/Árbol

6. https://es.wikipedia.org/wiki/Dios

7. https://es.wikipedia.org/wiki/Alfabeto_hebreo

8. https://es.wikipedia.org/wiki/Kéter

9. https://es.wikipedia.org/wiki/Jojmá

Mediante nuestra atención enfocada en dicha idea o sabiduría es como **pasamos a la sefirá 3, la cual representa el entendimiento**; Binah (La Inteligencia siempre Activa). En este punto es cuando comenzamos a vislumbrar la manera de llevar a la práctica lo que deseamos ver manifestado. Empezamos a ser conscientes de los ingredientes que necesitaremos para, progresivamente alcanzar el éxito. También entendida como el cerebro izquierdo y la unión entre ambos hemisferios.

Hay en este gráfico una sefirá sin número. Representa la "muerte" de los viejos paradigmas para dar paso a la nueva creación. Esto se conoce también como "metanoia" o mente nueva. Para que nazca lo nuevo lo viejo debe morir. También simboliza un desafío evolutivo necesario para moverse entre paso y paso.

También podemos notar que las siguientes seis séfiras están ubicadas en la parte de nuestro cuerpo físico donde se sitúan nuestros centros energéticos o chakras. Es decir, entre la coronilla y la pelvis. En su conjunto darán lugar a las emociones y en consecuencia a nuestra vibración. Las primeras tres están ubicas por sobre el ser humano, mientras que la última se sitúa en las piernas al simbolizar la "acción", la cual es automática. Entonces, las primeras séfiras nos muestran el proceso de cómo una creación comienza a bajar de la supraconsciencia a la tercera dimensión, y la número 10 representa el acto natural del subconsciente una vez programado mediante nuestra voluntad. A continuación, se nos explica como programar paso a paso ese "a voluntad" en el plano sobre el cual tenemos control, nuestra tercera dimensión. Para manifestar con éxito cualquier deseo debe reunir estas condiciones.

Una vez visto el paso 3 la energía creadora se mueve hacia la siguiente sefirá. **Ésta representa el dar, o bien el amor;** Jésed[10] o Chesed (La

---

10. https://es.wikipedia.org/wiki/Chesed

Misericordia. Grandeza). No el amor como se lo interpreta en occidente, sino el amor como la expansión de nuestros dones para la elevación de la realidad del conjunto. Esto significa que en esta parte de nuestro proceso creativo debemos comenzar a dar y descubrir cómo nuestra creación puede impactar positivamente la vida de los demás. Aquí el propósito es vital, así como el dar y ser, antes de recibir. Supongamos, que deseas manifestar una relación de pareja. Este paso invitaría a evaluar primero cómo tú mejorarías la vida de otra persona, y comenzar a emanar lo que luego desees recibir; amor, contención, paciencia, compañía, respeto, fidelidad, etc.; al comenzar a vibrar en ese estado te moverás al siguiente estadío; si quisiera, en otro ejemplo, más salud, deberías de igual manera comenzar a dar una alimentación equilibrada, una rutina diaria con hábitos saludables, etc. A nivel económico, es justamente por eso que los productos más exitosos llegan a serlo, porque dan al consumidor algo único, y mejoran su realidad en formas que ningún otro producto puede hacerlo. Esto aplica para todo.

Definido esto, **la sefirá 5 cae por su propio peso, es el deseo;** Geburáah (La Justicia. Fuerza). tu creación impactará positivamente en el entorno, por correspondencia recibirás. Aquí defines qué es lo que deseas recibir a cambio. Cabe destacar que, tanto en la Kabalah como en todas las ideologías y culturas iniciáticas o capaces de crear realidad propia, **el dar está siempre antes que el recibir.**

Llegando al paso 6 ya tenemos una idea completa de cómo va a ser nuestra creación, por eso **aquí se representa la belleza;** Tipheret[11]h (La Belleza, o piedra angular de la Estabilidad). Debemos conseguir que nuestra creación sea tan bella como nos sea posible valiéndonos de los medios que tenemos o se nos presentan.

En el paso o sefirá 7 se nos pide perseverancia; Netzach (La Victoria de la Vida sobre la Muerte). La victoria de la mente nueva sobre los

---

11. https://es.wikipedia.org/wiki/Tiféret

paradigmas obsoletos. Se nos pide mantener el rumbo el tiempo que sea necesario, y ser coherentes con lo que nosotros mismos ubicamos en los pasos anteriores. Esto es un mapa, no una teoría. Es un camino precisamente detallado, que, de seguirlo, el éxito es inevitable.

La octava sefirá es donde solemos dar marcha atrás, convirtiendo todo el proceso en nada. En ella se **representa el Fin del flujo de energía; Hod**[12] (La Eternidad del Ser. Gloria). No es el fin, muy por el contrario, es la confirmación de que realmente deseamos ver manifestado nuestro deseo. Aquí se nos presenta la esfinge que custodia el tesoro. En este momento de nuestra manifestación parecerá que no lo conseguiremos, tendremos ganas de tirar la toalla; según la Kabalah no sólo es una parte integral del proceso, sino que es donde más debemos enfocar nuestra intención. Si continuamos perseverando, el tesoro será igual o más grande que el desafío. Si damos marcha atrás, todo habrá sido en vano.

Yesod[13] (El Fundamento. La Generación). Es la sefirá número 9. **Representa la conectividad o integración.** A menudo es asociada con la Luna porque refleja la luz de las otras sefirot en Maljut, la décima sefirá. En ella se plasman todas las anteriores de forma integrada, armónica y coherente en nuestro actuar diario, como requisito previo a la manifestación propiamente dicha.

El fin del proceso se conoce como **Maljut**[14] (**El Reino. Principio de las Formas**). Nótese que, al ser el fin, se convierte en el principio. Para nuestro entendimiento representa en este caso los procesos subconscientes que nos llevan a manifestar un resultado de manera inevitable y sostenida en el tiempo. Puede de igual manera representar el resultado ya manifiesto o el deseo cumplido. Es posible que conforme

---

12. https://es.wikipedia.org/wiki/Hod

13. https://es.wikipedia.org/wiki/Yesod

14. https://es.wikipedia.org/wiki/Maljut

avancemos y vayamos adquiriendo maestría en estos procesos los resultados se manifiesten sin esfuerzo; por lo que erróneamente ubicamos como "magia" o "casualidad". Sin embargo, toda realidad manifiesta sigue un orden y todo efecto nace de una causa.

El fin se convierte en el principio, como ya sabemos, debido a que todo resultado no es un fin en sí mismo, sino más bien pasa a convertirse en instrumento para futuras creaciones que serán más elevadas conforme a nuestro propósito de vida. Una conciencia extraordinaria entiende toda manifestación como una herramienta de crecimiento, tanto las viejas creaciones que arrastramos y ya no deseamos, como las nuevas elegidas a consciencia. Entendiendo que si el desarrollo del ser deja de ser constante y expansivo esto resultará en un vacío o estancamiento lógico. La energía, la vida, busca la expansión y plenitud continuas, incluso el Universo está en continua expansión.

Sí, debemos celebrar, agradecer y tener siempre presentes nuestras manifestaciones exitosas. Pero nunca dormirnos en los laureles.

Las herramientas están a la vista, como dije, esto es un mapa preciso; y teniendo mapas, más conocimiento práctico de las leyes mediante las cuales opera la realidad, estos mapas se convierten automáticamente en armas infalibles para lograr la plenitud.

Los principios no fallan, sí los humanos; si fallamos es porque en el paso 8 dimos marcha atrás, o nos convencimos de que "era verdad que no se podía". Esto es fácilmente demostrable analizando nuestro pasado, sólo se fracasa si se abandona.

Gracias a las enseñanzas de la Kabalah tenemos una visión mucho más amplia y clara de los procesos. Esto será de gran utilidad mientras vayamos moviéndonos a través de las siguientes leyes universales.

TODO
ENTENDIMIENTO
SABIDURÍA
DESEO
DAR
BELLEZA
HUMILDAD
PERSEVERANCIA
CONECTIVIDAD
REINADO

Puente

Como podemos ver, estas leyes o principios están directamente relacionados entre sí. Para poder comprenderlas y aplicarlas mejor, quisiera hacer una distinción. Según a qué bibliografía se remita, el orden de las leyes puede variar, mas no el producto.

En este texto están ordenadas de esta forma justamente por esta distinción que menciono y con el propósito de hacer el entendimiento lo más practico posible. Las primeras tres: mentalismo, correspondencia y vibración, son inmutables. Siempre están actuando y no pueden cambiarse de ninguna forma.

Las siete están presentes en todo momento, y como vamos viendo muchas veces se engloban entre sí. Sin embargo, las cuatro siguientes pueden ser manipulables, e incluso suprimibles; aunque la realidad es que, para suprimir sus influencias sería necesario desarrollar un nivel de maestría que sólo alcanzaron avatares tales como Cristo o Buda.

Esta aclaración es de suma importancia debido a que en el proceso de creación de realidad es indispensable tener estas bases bien fuertes, claras y enfocadas, antes de pasar nuestra atención a los principios siguientes o esperar una manifestación tangible.

"No pongas fuera sin antes haber alineado pensamiento, palabra y emoción", decía Jesús.

Por eso invito al lector a profundizar en los tres primeros conceptos antes de continuar. A probar de forma práctica en su propia vida, si es que estas enseñanzas contienen para él, una verdad.

La mejor manera, desde mi punto de vista, es ponerse en un lugar casi científico, comenzando con algo simple. Cosas que tu mente pueda considerar "fáciles" a corto plazo. Centrar tu foco de atención, alinear tu palabra, sentimiento y vibración en base a eso, como si ya estuviese ocurriendo.

Entiendo que la mejor forma de llegar a la comprensión es por medio de la experiencia. Por eso me gustaría, antes de continuar con las leyes, dejar un pequeño ejercicio práctico. Este fue popularizado por Neville Goddard, quien fue uno de los divulgadores y estudiosos de las corrientes filosóficas del Nuevo Pensamiento más influyentes del siglo XX, y a día de hoy sigue siendo utilizado por cientos de personas con excelentes resultados.

"La escalera" de Neville Goddard

Neville, en sus conferencias, hacía el siguiente planteo: pedía a todos los asistentes que escucharan atentamente sus instrucciones y que asumieran el compromiso de, efectivamente, realizar diariamente durante entre 7 y 10 días esta rutina antes de irse a dormir.

Al acostarse, entrar en un estado de relajación, y antes de quedarse dormidos visualizar una escalera, no una escalera de una casa, sino una de construcción, esas que utilizamos para cambiar un foco o subir a un tejado.

Les pedía que imaginaran vívidamente, en primera persona, esta escalera y la subieran una y otra vez hasta quedarse dormidos. Cada noche durante al menos siete días. También se pedía, que durante sus tareas cotidianas recordaran el ejercicio, y cuando lo hicieran pensaran "no voy a subir una escalera".

Y luego cerraba su conferencia diciendo "me encontraré aquí, en 10 días para mi próxima charla, solamente con quienes hayan subido la escalera"

Lo más sorprendente es que cuando regresaba, a su siguiente conferencia decía: "saben, como subieron la escalera podrían haber ganado un millón de dólares" hoy gracias a la tecnología puedes encontrar, sin ir más lejos en YouTube, las pruebas de que esto sirvió y sirve a miles de personas.

De esta forma Neville no sólo nos demuestra el poder de la visualización creativa, sino que también nos anima a comprender a lo largo de nuestro día, que una atención negativa es igual que una correctamente enfocada, a la hora de manifestar un resultado.

La sustancia creadora no distingue entre un foco positivo o uno negativo; sólo comprende que la imagen mental está apuntando directamente a una manifestación física, y eso es lo que nos dará.

Por eso te invito a que lo pruebes, no tiene que ser necesariamente una escalera, el truco es que sea algo que no pase muy a menudo en tu rutina pero que tu mente pueda interpretar como algo que podría ocurrir sin mayor esfuerzo o dificultad.

Esto te servirá para comenzar a familiarizarte con el poder creador que todos llevamos dormido y es importante que comiences a descubrirlo. Como también lo es que no confundas o reduzcas ese ser a una técnica como puede ser esta. Ya que la técnica es lo menos importante, tu ser de hecho, ya conoce todas las técnicas. Y siempre que tu crecimiento sea integral, la irá redescubriendo por sí mismo.

Si reduces tu poder de manifestación a una, o varias técnicas, sólo estarías limitándote de una manera más elegante. Podrías conseguir algún resultado a corto plazo, sí, pero al relegar tu poder a una técnica seguirías buscando fuera de ti lo que siempre estuvo dentro. Y eso no es un crecimiento, ni un desarrollo sostenible. Es un cambio de maquillaje.

Es por esto que te invito a pasar al siguiente capítulo...luego de subir tu escalera.

Los Pilares De Una Conciencia Extraordinaria

Una conciencia extraordinaria es un ser que se ha bajado de la rueda del hámster, ha cambiado los paradigmas que rigen al ser humano común por un paradigma propio, en el cual es el único responsable y arquitecto de su vida. Un paradigma desde el que no existen imposibles, y cualquier deseo que considere necesario para una mayor expansión y plenitud puede y debe ser realizado.

Con este paradigma en mente, cabe destacar que es muy importante tener presente para nuestro más pleno desarrollo estos cuatro pilares. Deben ser áreas de expansión, estar equilibrados y moverse siempre coherentemente a nuestro paradigma, el cual sabemos no implica ningún tipo de limitación externa.

Estos pilares son igual de importantes entre sí, y no es posible alcanzar la plenitud si estamos manifestando carencia en alguno de ellos, o si le estamos dando mayor importancia a uno que a otro.

Los pilares son: Salud (física, mental, emocional), Espiritualidad, Relaciones y Economía. Para poder vivir plenamente debemos poseer todo lo que deseemos en todos estos aspectos. No es posible desarrollar la espiritualidad si no podemos tener relaciones armónicas con nuestro entorno, o experiencias que nos resulten enriquecedoras; así como no nos sería posible tener una buena salud física, sin el dinero suficiente para alimentarnos de manera sana. Todos están íntimamente relacionados y ninguno puede alcanzar el máximo desarrollo del ser sin el otro. Es importante ser conscientes de esta realidad.

Para poyar este crecimiento podemos valernos de algunas actitudes o estados que fomenten esta expansión. Como el propósito, la perseverancia y la paciencia.

El propósito debe ser sin lugar a dudas más grande que nosotros mismos. Con esto podremos lograr un mayor impacto en el mundo a nivel colectivo, y a nivel personal una motivación constante para ser cada día un poco más eso que deseamos ser. Toda conciencia extraordinaria comprende que una vez alcanzado un resultado este se convierte en un recurso para seguir hacia otro aparentemente mayor. Por eso una visión a largo plazo acompañada de un propósito más grande que nosotros mismos es de vital importancia para un desarrollo continuo e integral.

La perseverancia debe ser un pilar, todas las culturas lo saben, incluso en la enseñanza oriental se hace muchísimo hincapié en la cultura de la perseverancia y la disciplina. Un propósito fuerte y bien definido nos lleva inevitablemente a esta cualidad, que debe ser acompañada por la paciencia.

Toda conciencia extraordinaria que haya existido y que existirá sabe que en toda manifestación existen tiempos. Para que algo sea visible en nuestro plano debe seguir un proceso, y éste está ligado íntimamente con nuestra atención. Por eso es muy importante ser paciente sin dejar de ser constante. Esto es mucho más fácil sabiendo cómo funciona el universo y teniendo la seguridad de que nuestros resultados siempre llegarán, sin excepción.

Conocer y practicar estos conceptos nos guiará hacia una manifestación más rápida y una vida más pacífica, confiada y por supuesto, más elevada. Con un propósito más grande y por lo tanto un mayor impacto.

CAPÍTULO 5

Ley Universal de Polaridad

"Todo es dual; todo tiene dos polos; todo, su par de opuestos: los semejantes y los antagónicos son lo mismo; los opuestos son idénticos en naturaleza, pero diferentes en grado; los extremos se tocan; todas las verdades son semiverdades; todas las paradojas pueden reconciliarse."

El Kybalión

En esta cuarta ley se nos es revelada la verdad de que en todo hay dualidad, habitamos una realidad en la que la dualidad es necesaria para la experiencia. En todo lo presente en la creación hay dos polos, dos aspectos; los opuestos no son más que dos extremos de la misma cosa y difieren solo en grado, en vibración. El frío no es más que temperatura en bajo grado o vibración, así como el calor es la temperatura en un grado más alto de la misma escala. Opuestos en apariencia, iguales en esencia.

Todo es dual, no hay día sin noche, no hay sístole sin diástole. Y viceversa.

Esto toma importancia cuando lo pasamos al plano mental y emocional. La cuarta ley universal nos muestra que no hay bueno o malo, positivo o negativo, son interpretaciones de los polos de una misma cosa. Comprendiendo esto podemos comprender mejor el manejo y gestión de nuestros recursos internos para manifestar la realidad.

Por ejemplo, digamos que tienes un pensamiento de inseguridad que no te hace sentir como deseas. Si todo es dual, que así es, debería tener un opuesto; para este caso el opuesto sería seguridad. Conociendo este principio e identificando lo que no deseas ver manifestado, tienes la capacidad de "polarizar" tus pensamientos. ¿Qué significa esto? Llevarlos al polo que deseas. Por eso esta Ley es una de las "manipulables", ya que conociendo un polo conocerás su opuesto, al menos por teoría. Y poniendo tu atención en dicho polo tu realidad comenzará a manifestar tu deseo, minimizando la influencia del polo opuesto. Poniendo tu foco de atención en cosas, actividades o pensamientos que hagan que te sientas más y más seguro, la inseguridad rara vez se verá manifestada en tu Universo.

Lo mismo aplica a los sentimientos. Si tienes un sentimiento de odio o envidia hacia alguien, y decides conscientemente poner tu foco de atención en pensamientos que estén al otro extremo de la escala, como por ejemplo amor o admiración; este actuar, sostenido en el tiempo, traerá como consecuencia que rara vez te surjan sentimientos negativos sobre la persona en cuestión.

Es posible mediante el conocimiento de las polaridades y la aplicación enfocada de la atención transmutar las vibraciones. Los antiguos maestros Alquimistas lo llamaban "Alquimia mental". El entendimiento y aplicación de este principio capacita al ser consciente para cambiar a voluntad su propia polaridad, así como la de su creación mediante el uso intencionado de las leyes universales.

Las polaridades opuestas son en realidad complementarias, por eso los extremos pueden tocarse y las paradojas reconciliarse. Al experimentar la dualidad, no puede existir el uno sin el otro.

El maestro juega con los opuestos, admira los que no desea y agradece haberlos conocido, para poder polarizar su creación cada vez de manera más consciente.

La diferencia que percibimos entre polos opuestos no es real. Es sólo una diferencia en grados de la misma cosa. Lo que existe en esencia es unidad, y debemos aprender a encontrar esa unidad en todo lo que nos rodea si deseamos alcanzar nuestro pleno desarrollo como seres conscientes. Cuanta más separación percibamos, más se manifestarán los conflictos.

La ley de vibración nos dice que todo vibra, y este principio nos dice que todo es dual; es decir que la única diferencia entre la vibración de la fuente y la vibración de lo que entendemos como realidad física es en efecto, el grado. Al saber que los dos extremos son en sí, la misma cosa, entenderemos que no se puede ser pleno, feliz ni vivir en paz en un mundo material sin espiritualidad; así como no se puede ser pleno en espiritualidad sin estar satisfecho a nivel material. En la armonía entre ambas está el secreto de la plenitud. Nuestra función está en armonizar los aparentes opuestos.

Al entender que todas las verdades son semiverdades, por otra parte, podemos acceder al entendimiento vivencial de que ningún ser humano es portador de la verdad absoluta. Es esta una herramienta que el maestro tiene presente siempre, ya que deja la puerta abierta a respetar toda verdad ajena sabiendo que contiene, al menos para quien la cree, una verdad en sí, así como para ser consciente de que su propia verdad no es absoluta; lo que lo lleva a un continuo desarrollo y a una apertura al aprendizaje en todas sus vertientes.

Debemos aprender así, que mientras más separación percibimos, más lejos estamos de encontrar la plenitud. Debemos aprender a reconocer que el culpable es también inocente; que nadie es ni tan bueno ni tan malo como parece; que nada es tan lindo o tan feo como creemos; que nada es tan caro o tan barato. En el instante que comprendemos la unidad en el todo, descubrimos la paz.

Sepamos cuando hablamos de polaridad, que este principio nos ayudará a vivir siempre en el presente. Se aprende a vivir en el futuro y traerlo al presente. Los maestros se centran en lo que desean lograr y lo disfrutan como si ya fuera una realidad. De esta manera se vive en el presente lo que se desea para el futuro. Esto lejos de ser una fantasía, es una decisión, el maestro elige un objetivo y por eso dispone todos sus recursos en crear dicho objetivo; de este modo genera la energía que acompaña aquellos logros, y provocan su manifestación. Así se cambia el destino, la enseñanza originaria dice "tú creas tú presente, tu presente crea tu pasado, y tu pasado crea tu futuro".

Nosotros elegimos como pensar, hablar, sentir, ser, tener; somos arquitectos de nuestra realidad y de nuestro destino.

Recuerda que estás desafiando las reglas impuestas, porque has elegido crecer y vivir mejor, no hay nada de malo en eso sino todo lo contrario. Sólo ten presente que esta evolución exigirá un esfuerzo de tu parte; el libre albedrío no es más que la libertad que tenemos de elegir nuestros pensamientos. Frente a una situación conflictiva uno puede elegir reaccionar como la víctima o como el héroe, puede elegir entre enojarse o aprender.

Para hacer uso del libre albedrío es necesario actuar conscientemente en la vida, sin ninguna duda, podemos cambiar nuestro karma. Éste no es más que otra idea que habita en nuestra conciencia, la palabra karma no significa nada más, ni nada menos, que acción.

Una conciencia extraordinaria aprovecha todo el conocimiento que se le brinda en su beneficio, haciendo prevalecer su deseo y voluntad. Ninguna persona debe resignarse a sufrir situaciones de carencia, pobreza, soledad, enfermedad, o cualquier forma de negatividad. A la gente común se les ha enseñado a aceptar su infortunio. Sin embargo, cualquier persona que esté transitando por este camino espiritual sabe que la voluntad es siempre su felicidad. Cuando surgen los problemas es porque de alguna manera estamos quebrando alguno de los principios universales, y lo que debemos hacer al tomar conciencia de ello es reparar el error y cambiar positivamente.

Solamente funcionando como Dios lo hace, siendo Dioses de nuestro propio Universo podremos vivir en la tierra como en el cielo. Arriba como abajo.

Sobre la base de nuestra lista de objetivos debemos tomar cada uno de ellos y analizar cuál es la polaridad que nos falta desarrollar técnicamente. Buscar el polo de la misma naturaleza y elevar el grado vibratorio.

Por ejemplo, si se quiere resolver un problema de dinero, hay que seleccionar la polaridad pobreza\riqueza, el problema nos sitúa del lado de la pobreza por lo tanto tendremos que comenzar a desarrollar la energía del polo opuesto. Creando la vibración de la riqueza, que tarde o temprano se manifestará al desarrollar dicho polo.

Así traemos nuestro futuro al presente. Así recuperamos nuestra divinidad.

Las Señales

Las señales externas que irán apareciendo en nuestro día a día a medida avancemos en el proceso de manifestación, son un indicador de que tan bien o tan mal estamos polarizados en nuestro resultado. Sin caer en la errónea creencia propuesta por la "new age" de que debemos guiarnos por las señales. Debemos en cambio tomar las señales, no como una motivación o una limitación, sino como una expresión tangible de si estamos en el buen camino o no.

Por ejemplo, si deseas ir a una fiesta y tu taxi no llega o tu autobús sigue de largo, esto no significa que no debes ir a tal o cual lugar. Significa que hay una parte de tí que por alguna razón está deseando no ir, o llegar tarde. Quizás hay una parte tuya, que aún teme no poder enfrentar X o Y situación.

Las señales son indicadores nos dicen si vamos bien, si vamos mal, o si vamos a medias. En ningún momento nos dicen si debemos o no debemos, si podemos o no podemos. Es muy importante hacer esta distinción y comprenderla mediante una atención práctica sobre nuestro entorno, ya que es muy fácil, en base a preconceptos caer en el error de utilizar las señales no como una guía, sino como una excusa, para detener la acción en curso.

SOBRE LA SOCIEDAD 2020

Sé muy bien las dudas y contrastes que pueden surgir en el lector a la hora de analizar para sí los polos que encontramos en nuestra sociedad actual, entiendo, estuve ahí. Cuando se mira a la cara a la pobreza, el hambre, la enfermedad, la injusticia; es lógico pensarlo.

Sin embargo, al profundizar en el entendimiento práctico de los principios universales, vemos también la lógica que se oculta tras el velo. Vemos que, para que exista un polo debe existir su opuesto, y entendemos que según el nivel evolutivo y vibratorio con el que cada ser ingresa al sistema trae consigo experiencias ya decididas de antemano, y luego otras que va aceptando.

A nivel global también, al adentrarnos en estos conocimientos y comenzar la investigación personal que deriva por naturaleza, también nos encontraremos con mil y una teorías conspiratorias, sociedades secretas y todo tipo de ideas, cómo fuimos o somos programados, por quién, y con qué fin. Digo esto porque muchos se pierden aquí. Y no es que ciertas cosas no existan, porque existen, pero si vienes sacando algo productivo de estas páginas entenderás que tu energía y tu atención son muy poderosas como para ponerlas allí. El sistema seguirá funcionando, de hecho, deseamos que siga funcionando, las cosas como venían siendo son necesarias para la evolución de la especie a nivel conjunto; tu papel principal será entonces el de saber que todo ser humano a nivel individual tiene en sí mismo el poder creador total, y nada externo puede afectarlo excepto que él lo permita.

A partir de ahí, luego podrás influir sobre el colectivo, y créeme cuando digo que tanto en este como en los años próximos va a haber un cambio enorme a nivel global, social y tecnológico en la forma de percibir la realidad y el mundo que nos rodea. Y no sólo a nivel energético, también a nivel de como vemos toda la realidad, los planos de realidad/es y hasta quienes conviven con nosotros en el planeta; veremos cambios muy grandes; por eso, quienes nos dedicamos al desarrollo integral del propio ser tenemos el deber de primero que nada elevarnos por sobre la vibración de la masa. En un primer momento ahí es donde debe ir tu foco de atención.

La Madre Teresa de Calcuta decía: "No me inviten a una marcha en contra de la guerra; si es a favor de la paz, entonces iré". Esta frase nos hace ser conscientes, en primer lugar, de las energías que atraemos a nuestra vida y, en segundo, de la forma en la que podemos polarizarnos hacia lo positivo.

No Seas Positivo, No tengas Fe

Como ya dije anteriormente, no se trata de ser positivo, ser trata de conocer el proceso y usarlo de forma inteligente, intencionada y coherente. Ser positivo muchas veces implica, al menos como lo plantea la "new age", una negación de nuestro estado actual. Lo que nosotros buscamos es transmutar nuestra energía, para eso debemos primero aceptarla tal cual es, no esconderla bajo la alfombra.

Tener motivación es importante, pensar positivo es importante, pero si estos actos no nacen del lugar correcto, si nacen de un acto inconsciente de negación o de "auto maquillaje" no son ni serán jamás sostenibles en el tiempo. Podrán mejorar tu ánimo un día o dos, sí, pero la inercia hacia el estado anterior será inevitable; y completamente lógica si se entienden las leyes que rigen sobre nuestra realidad.

Por ejemplo, tú estás leyendo estas páginas, y yo sé perfectamente en el momento en el que las escribo a cuantas personas va a llegar esta publicación. No es que tenga fe, no es que viva pensando positivo ni es que sea clarividente. Sé con certeza absoluta que no voy a terminar mi labor hasta que esta publicación esté en las bibliotecas de tantas personas como las que yo, en mí sefirá 4, decidí previamente impactar. Y eso dista mucho del concepto occidental de fe, es diametralmente opuesto. No debes tener fe, debes tener un propósito, orden, visión y una decisión inamovible de hacer realidad tu creación. El mapa lo tienes en las manos, solo se necesita una decisión y seguir el camino, no puedes dar marcha atrás ya que el mapa te marca el destino y la ruta, pero no sabes con que escala fue trazado.

Y créeme que al combinar estos conocimientos con pensamiento, sentimiento y acción enfocada, no consigues fe, consigues certeza; mediante la práctica el entendimiento te es dado, y allí ya no puedes detenerte. Porque sabes.

Esfuerzo

Es popularmente conocido el hecho de que en el Tíbet nadie se aburre, porque no tienen una palabra para definir el aburrimiento; entonces, como podrían aburrirse si ni siquiera saben lo que eso significa.

Algo muy parecido pasa con el esfuerzo. Desde niños se nos inculcó que todo implica esfuerzo, sacrificio, "sangre, sudor y lágrimas". La verdad es que esto no es real, lo hicimos real; en la cultura Quero, por ejemplo, ni siquiera conocen la palabra esfuerzo. Y no les estoy hablando de una cultura aislada o rudimentaria, estoy hablando de los herederos directos de las más altas enseñanzas de los sumos sacerdotes Incas.

El Universo funciona con la **ley del mínimo esfuerzo o ahorro de energía.** De igual manera que nuestro cerebro, la realidad que termina por sostenerse en nuestro espacio tiempo es la que consume menos gasto energético. Como es arriba es abajo. Nuestro sistema de creencias o paradigmas es lo que a fin de cuentas determinará nuestra realidad "normal".

Convierte tu pasión en tu trabajo, tu trabajo en tu labor, tu labor en tu propósito, y tu propósito en tu estilo de vida. Así el esfuerzo desaparecerá.

Hay un saber natural, que, si se comprende, nos da el entendimiento de que, al manifestar en armonía con las leyes naturales del Universo, todo sucede sin esfuerzo. Es verdad también que necesitaremos esfuerzo durante el proceso de aprendizaje y reprogramación a nivel personal, deberemos elevarnos por sobre nuestros viejos paradigmas y su inercia, que no se irán sin dar batalla. Pero una vez pasado este primer proceso, el esfuerzo pasa a ser una elección y el propósito pasa a ser el estado natural. Las plantas no luchan por el agua, el agua les es dada, por correspondencia; tampoco acumulan más de lo necesario, si lo hicieran morirían.

Otra buena aplicación práctica es reconectarse con la naturaleza, aprender a verla con otros ojos, con ojos de alumno. En ella se encuentra todo el potencial del campo unificado, de la fuente; y hay mucho que puede mostrarnos, mucho más si de antemano conocemos las leyes, aunque sólo sea por pura teoría.

CAPÍTULO 6

Ley Universal De Ritmo

"Todo fluye y refluye; todo tiene sus períodos de avance y retroceso; todo asciende y desciende; todo se mueve como si fuera un péndulo; la medida de su movimiento hacia la derecha, es la misma que la de su movimiento hacia la izquierda; el ritmo es el equilibrio"

El Kybalión

Este principio nos enseña la verdad de que existe un péndulo, moviéndose de un extremo acorde con la ley de polaridad. Todo se presenta en movimientos de ida y vuelta. Hay siempre una acción y una reacción; un avance y un retroceso. Este principio rige para todo lo que es. Es por eso que es considerado con especial atención por los iniciados. Ya que es aplicable a los estados del propio ser.

Los eruditos de este principio han encontrado, a lo largo de los siglos, ciertos métodos para escapar a sus efectos. Para eso hacen un uso consciente de su foco de atención, empleando la ley de neutralización mental. Si bien esta ley no puede anularse, sí puede ser manipulada; es decir que, mediante las técnicas correctas en el uso de la atención y la creación de realidad, es posible jugar con la oscilación de forma tal que se incline mucho más hacia la polaridad deseada, reduciendo la oscilación hacia el polo no deseado a un mínimo.

Este principio nos sirve también para entender por qué muchas veces existe un tiempo de espera, o inercia, entre nuestro deseo y la manifestación en sí. Si queremos cambiar algo, es porque nuestro péndulo está oscilando en un punto que para nosotros es negativo; por lo que, resulta lógico, que antes de incluso tocar el equilibrio y el principio de su otro polo, necesite hacer un recorrido por mínimo que sea. Como es lógico que encontremos algún que otro obstáculo, ya que esa misma inercia nos demandará una confirmación de nuestra intención.

Digamos la verdad, estuvimos tantos años en el polo equivocado...es un poquito lógico que la fuente necesite asegurarse de que verdaderamente lo que deseamos es ir al otro lado.

Me gusta imaginarlo como estar dentro del mar y querer volver a la arena. Cuando querías entrar al mar sabías que querías, te dirigiste, sabías que podías; sin embargo, al entrar al agua hay una inercia de la misma marea que parece empujarte hacia la orilla nuevamente. Debes poner de tu parte si quieres ir muy profundo.

Luego llegas, estás en la profundidad que buscabas, el agua está en la temperatura perfecta. Te quedas un buen rato, disfrutas, nadas, te relajas; de cualquier manera, para mantener tu posición sigues necesitando de poner un poco de tí, todo se está moviendo, si no lo haces la marea tarde o temprano te devolverá a la orilla.

Al cabo de digamos una hora, quieres volver a la orilla, ya estas comenzando a tener frio y el sol comienza a ocultarse. Quieres ir al otro polo, y aunque ya pasaste la inercia cuando entrabas, ahora que deseas ir al otro polo la inercia también existe. Si realmente quieres salir deberás pasar esa inercia, y depende de cuán profundo hayas entrado y cuánto pongas de ti, el tiempo que te tomará salir.

Por eso el foco de atención es tan importante, mucho más al principio. Uno nunca sabe realmente cuán profundo se había metido antes de comenzar el cambio. Y déjame decir que al leer esto ya estas comenzando el cambio. Y muchas veces, por no saber, muchas personas se conforman con menos de sus deseos antes de tiempo. Cuando puede que hayan quedado a sólo medio metro de la orilla. Y si quedas, aunque sea a medio metro de la orilla, pero en el polo que no deseas, la inercia de la marea tarde o temprano te arrastrará nuevamente hacia lo profundo.

Al entender y aplicar este principio, recuerda las tres P de toda mente extraordinaria. Perseverancia, Paciencia y Propósito; sigue caminando hacia la que sea tu orilla, sé paciente para continuar moviéndote todo lo que haga falta sin interrumpir el proceso con dudas o ansiedades, y ten un propósito más grande que tú para tener que llegar, sino puede que te conformes antes de tiempo.

Recuerda que la única forma de fallar, es detenerte antes de alcanzar el resultado. Mientras sigas moviéndote nunca habrás fracasado; puede parecerlo desde afuera en oportunidades, puedes equivocarte y aprender, si, puedes. Y sucederá. Pero nunca fracasas, a menos que dejes de buscar. Renunciar es la única forma de fracasar. Que sepa el lector, que, si puede imaginar un resultado, es porque la orilla existe y está allí. Conociendo ahora los principios, si fueron aplicados no debería ser un problema creer en esta afirmación.

Así que, a fin de cuentas, ésta en sí es una muy buena técnica. Imagina cada objetivo que tengas, como si quisieras salir del mar para dirigirte a ese objetivo. Y no pares hasta no estar ahí. Sólo sabrás que llegaste cuando el objetivo esté enfrente tuyo y puedas tocarlo. Utiliza los principios como guía y tu éxito está garantizado.

La Ley Universal del ritmo nos enseña a entender que en el Universo hay ciclos, y que donde sea que nos encontremos debemos buscar el balance de nuestra situación actual para poder vivirla plenamente y continuar dirigiéndonos hacia donde queremos llegar. El secreto de esta ley es el balance.

La Incertidumbre

Cuando el péndulo comienza a oscilar hacia el polo opuesto, aparece la incertidumbre, y debemos adentrarnos en ella. Es normal, si deseas manifestar salud, es porque hasta ahora conocías principalmente el polo opuesto; si deseas manifestar riqueza, es que anteriormente conocías en mayor medida la escasez; si deseas manifestar amor verdadero, es que hasta ahora no lo habías conocido. Allí la incertidumbre es normal, lógica y hasta predecible; las leyes universales, y el conocimiento de cómo nuestra manifestación toma forma son las herramientas con las que contamos para entrar pisando firmes en ese terreno aparentemente desconocido.

Para llenar la jarra con vino nuevo, debes primero vaciarla del viejo. Es inevitable pisar lo desconocido, es requisito salir de la zona de confort para manifestar algo nuevo. **Si te quedas en lo conocido, continuarás manifestando más de lo conocido.** Correspondencia.

Un proceso de desarrollo integral te lleva indefectiblemente a adentrarte en lo desconocido, y eso es algo maravilloso. Al aceptar la incertidumbre, estarás aceptando la potencial manifestación de todas y cada una de las infinitas posibilidades; sabiendo de antemano en cuales está enfocada tu atención. Es casi como jugar con una baraja marcada.

Sin embargo, el apego excesivo a un resultado puede resultar en un estancamiento del proceso. Debemos dejar que las energías también se manifiesten libremente. Puede que tú imagines un resultado X de una forma concreta y que la inteligencia suprema conozca una forma mucho más rápida de manifestarlo que la que tú, con tu mente momentáneamente limitada, puedes llegar a vislumbrar. Al caminar seguros en el terreno de la incertidumbre damos lugar a que cualquiera de estas posibilidades tome forma, sabiendo que siempre se corresponderá con nuestro ser. Recuerda que el cómo es una anécdota, lo importante es el qué y el por qué.

Así es como damos lugar a la transformación, y entendamos que, ni la transformación es cambio, ni el cambio es transformación. El cambio es continuo, es si se quiere rítmico e inevitable; podrías no hacer nada durante años, aun así, tu cuerpo cambiará, tu pelo crecerá o se caerá, tus uñas crecerán, tu rostro no será el mismo, tus células morirán y se renovarán. La transformación es otra cosa, es integral, es sostenible; "trans" significa ir más allá, eso es lo que buscamos, ir más allá de nuestro viejo yo, de nuestros viejos paradigmas, traspasarlos, integrarlos y trascenderlos. Eso es transformación. Y sólo te transformas cuando te expandes.

Gestación

En toda manifestación existe un período de gestación, debemos tenerlo en cuenta y saber respetarlo. Es verdad que este período puede ser más o menos largo en relación a tu nivel vibratorio y lo acorde que esté al resultado final. Sin embargo, siempre está presente.

Un deportista de alto rendimiento, por ejemplo, no podría pretender ser campeón del mundo a los dos días de comenzar a entrenar en una disciplina. No sería coherente sin importar cuán agraciado sea con talentos para dicho deporte. Sin embargo, pongo este ejemplo, porque esto los deportistas lo entienden a la perfección; y no sólo comprenden esto y saben que para ver sus resultados manifiestos primero deben atravesar por un período de entrenamiento. Comprenden también, los mejores, que deben crear y no competir.

El deporte es donde más claro podemos ver esto, nada sostenible se crea en base a la competencia. Sí en base al desarrollo y crecimiento de las propias capacidades al máximo de sus posibilidades. Esto los grandes lo entienden, sólo los grandes, y por eso lo son. Michael Jordan cuenta que él cada día competía más duro que nadie, y entrenaba más duro que cualquiera, pero con una diferencia crítica en el concepto. Jordan competía cada día contra él mismo, contra su yo del día anterior. "si todos esperan que salte 10 metros, yo espero de mí saltar 20" es lo que decía en algunas entrevistas. Michael Phelps entrenaba tres turnos diarios, cuando los nadadores elite entrenaban solamente uno; Tiger Woods seguía buscando formas de perfeccionar su swing aun cuando ya era el número uno del mundo; Kobe Bryant en su libro "Mamba Mentality" dice que, si sus rivales comenzaban a entrenar a las 6 am, el comenzaba a las 4 am; y ninguno competía con otros, de hecho, Michael Jordan fue mentor de Kobe Bryant estando ambos en equipos rivales.

"Las personas son recompensadas en público por lo que llevan años practicando en privado"

Sea lo que sea que decidas hacer, debes ser el mejor, es tu deber; no en relación a otros, sí en relación a ti. Si no deseas ser el mejor, si no sabes que hay un don en esa área que solamente tú puedes hacer brillar como nadie más en el mundo, es porque no estas decidiendo correctamente.

Los grandes se mejoran cada día, vencen cada noche a su versión de ayer, saben que es por eso que sus resultados son una realidad inevitable y que, si todavía no los ven manifiestos, simplemente deben continuar mejorando su versión de ayer hasta que finalmente vean su resultado manifestarse ante ellos. Entienden el ritmo, el recorrer la milla extra, el crecer en todo aspecto continuamente, y el crear únicamente en base a su propio paradigma. Esto aplica para todas las áreas de la vida.

"La vida es un ritmo que debe ser comprendido.

Siento el ritmo, dejo que me dirija y lo consiento. Era muy agradable y me dio el conocimiento que tengo. Todo lo que vive está en una relación profunda y maravillosa: el hombre y las estrellas, las amebas y el sol, el corazón y la circulación en un número infinito de mundos.

Estos lazos son irrompibles, pero pueden ser mansos, propiciar y comenzar a crear relaciones nuevas y diferentes en el mundo, y que no violen las viejas. El conocimiento viene desde el espacio. Nuestra visión es el conjunto más perfecto. Tenemos dos ojos: el terrenal y el espiritual. Se recomienda que se conviertan en un ojo.

El Universo está vivo en todas sus manifestaciones, como un animal pensante. La piedra es un ser pensante y sensible, tal como las plantas, las bestias y el hombre. Una estrella que brilla pide ser vista y si no estuviésemos ensimismados entenderíamos su lenguaje y su mensaje.

La respiración, los ojos y los oídos del hombre tienen que cumplir con la respiración, los ojos y los oídos del Universo."

Fragmento de Entrevista que el científico Nikola Tesla concedió para la revista «Immortality» en su laboratorio en Colorado Springs en el año 1899.

FLUIR CON LA ENERGÍA

Saber que todo tiene su ritmo es importante, saber fluir con la energía también lo es. Esto viene siendo terriblemente manoseado y malinterpretado por la "new age"; muchas veces nos encontramos con situaciones o personas que realmente no deseamos para nuestra vida, y "dejamos fluir", esto está muy alejado de lo que debería ser en realidad.

Aprender a ir con la corriente, implica como primera medida, decidir conscientemente dónde fluir y dónde no. No nos dejaríamos fluir en un rio plagado de cocodrilos. Es verdad que se trata de fluir, pero con las energías que sean acordes a tus objetivos, no fluir por fluir. Eso es conformismo new age.

Si quisieras ser rico, deberías aprender a fluir en Wall Street, no puedes hacerte rico si pones un negocio en pleno desierto; si quisieras ser sano, deberías aprender a fluir en un entorno de personas sanas adeptas al ejercicio, no en la sala de espera de un hospital.

Se nos enseña conformismo desde todos los frentes. Y esa es la única enfermedad real que puedes contraer en esta vida.

Si quieres aprender a fluir, fluye conscientemente en aguas que te lleven a buenos puertos, no en cualquier corriente. Si debes alejarte de personas, cambiar de ciudad, de grupo de amistades, de pareja, de creencia, hazlo. No siempre es necesario, pero muchas veces puede serlo. Y no debe ser malo, ni mucho menos un freno. Quizás debas cambiar de ciudad un tiempo, para luego volver renovado o exitoso a unificar tu viejo entorno con el nuevo, ¿cómo podrías saberlo? Todo cambio empieza por la soledad, antes vibrabas en una frecuencia que te trajo lo que tienes ahora; si deseas cambiar, es lógico que tu entorno deba cambiar, es un proceso que luego te llevará a un puerto mucho más pleno. Puede dar miedo, pero es necesario. El camino del guerrero comienza en soledad, luego se llena de gente, cuando se comprende que nunca se puede estar realmente solo.

Decide conscientemente dónde debes fluir y dónde no.

CAPÍTULO 7

Ley Universal De Causa Y Efecto

"Toda causa tiene su efecto; todo efecto tiene su causa; todo sucede de acuerdo con la Ley; la suerte no es más que el nombre que se le da a una ley no conocida; hay muchos planos de casualidad, pero nada escapa a la Ley"

El Kybalión

Este principio nos muestra la verdad de que, toda causa tiene un efecto, todo efecto tiene una causa. Muchas veces no sabemos las causas de muchos de los efectos que vemos en nuestras vidas, pero existen, sólo que fueron puestas de forma inconsciente por nuestras viejas versiones, o por condicionamientos externos. Pero existen y están ahí. No puedes cosechar si no plantaste previamente como mínimo una semilla.

Nada, absolutamente nada en nuestra vida ocurrió ni ocurre por casualidad. Todo efecto tiene una causa, todo. Existen muchos planos de causa y efecto, puede que muchas causas no las veamos, no nos sería necesario normalmente saber por qué causa una mariposa se posó en mi mano en lugar de seguir de largo, por ejemplo. Pero sí de cuál es la causa de que tenga tal situación amorosa si la que yo deseo es esta otra, por poner otro ejemplo. Todo lo que ocurre en nuestra vida es consecuencia de algo que hemos decidido en el pasado.

La cultura occidental nos enseñó a despreciar, e incluso ridiculizar a la casualidad. Si alguien obtiene algo aparentemente "por casualidad" en occidente es menospreciado. ¿Sabes que si vas a la India y consigues algo por casualidad se considera sagrado? Es verdad, y se considera sagrado porque los hinduistas comprenden que si algo sucede en apariencia "por arte de magia" es porque los dioses te están asistiendo, y recompensando tu crecimiento. Además de que tienen muy presente el concepto del Karma.

Karma, como ya dijimos, simplemente significa acción. Entonces se sabe que toda acción genera una reacción. Si vibras alto sembrarás buenas acciones, pensamientos y palabras acordes a tus deseos, y tarde o temprano cosecharás; porque toda acción tiene su reacción. Pero si siembras pensamientos que te dijo tu padre, sentimientos que te desagradan, palabras que dicen que nunca cumplirás tus deseos, tarde o temprano cosecharás; porque toda acción tiene su reacción.

Por eso en India se enseñan caminos Karma y Akarma (sin karma). El secreto es mediante el foco, comenzar a elegir sólo causas que deseemos cosechar luego, en todos los aspectos de nuestra vida. Y progresivamente, movernos del concepto de Karma, al de Akarma. Que lejos de significar sin acción (a-karma) significa una acción total. Ya que continúas sembrando, todo el tiempo, pero siembras solamente lo que deseas realmente cosechar, lo que viniste al mundo a cosechar.

Hay incluso, culturas originarias, que le dan tanta importancia a este principio, que creen y afirman que por cada oración que un ser humano expresa verbalmente se crea una línea de tiempo completa; la que contiene en sí misma todos los elementos para que esa oración se realice de principio a fin, en el menor tiempo posible; luego en relación a lo acordes que sean el resto de las frases habrá en consecuencia una línea del tiempo predominante que terminará por manifestarse. Sin embargo, aseguran que todas existen.

Las conciencias extraordinarias entienden este principio, por eso no están en las masas, porque pasan a convertirse en causas de su propia realidad. Creadores directos de todo aspecto y todo plano de lo que ven ante sus ojos. Por eso son causas y no efectos de causas decididas por otros.

"Los maestros, habiendo alcanzado el plano superior, tienen dominada sus modalidades, sus caracteres, sus cualidades y poderes, así como el del medio ambiente que los rodea transformándose de esta manera en dirigentes, en vez de ser los dirigidos. Ayudan a las masas y a los individuos a disfrutar en el juego de la vida, en vez de ser ellos los jugadores o los autómatas dirigidos por voluntades ajenas. Emplean el principio en vez de ser sus instrumentos. Los Maestros obedecen a la causación de los planos superiores en los que se encuentran, pero nos brindan su colaboración para regular y regir desde su propio plano. En todo esto está condensado un conocimiento Hermético valioso: que el que tenga la capacidad de leer entre líneas lo descubra, ese es nuestro deseo."

El Kybalión Los Tres Iniciados

INTERCAMBIO EQUIVALENTE

Este principio es muy conocido en las ramas de la alquimia. Ubica claramente, que para obtener cualquier deseo o manifestación debe darse primero algo equivalente. Debes comenzar por dar, por ser, **solo podrás crecer externamente en la medida que hayas crecido primero internamente**. No siempre este intercambio será visible; la mayoría de las veces deberá comenzar por ser invisible, interno. En el momento que comiences a vibrar acorde a tu deseo, comenzará a darse por correspondencia un intercambio equivalente constante, es ahí donde deberás comenzar a dar lo que quieres recibir incluso antes de tenerlo. En dicho momento sabrás exactamente cómo hacerlo.

En algunas ideologías esto se entiende como "pagar el precio", y es una interpretación diferente de la misma cosa. Ser antes de tener. Dar, lo que se desea recibir. **Cuando desees ver algo manifestarse en tu realidad: Espéralo primero de Tí mismo.** Dar es la causa, recibir el efecto.

A fines prácticos, tu mente siempre buscará el ahorro de energía, el mínimo esfuerzo, y en un principio, cuando la manifestación no es tangible no es suficiente. Un secreto para aplicar al máximo este principio es comenzar por ser y dar eso que deseas, y recorrer siempre la milla extra. Es decir, **si tu mente te dice que haciendo 10 lograrás lo que deseas, debes hacer 20, o mejor aún... 40, de lo contrario te estarás auto-saboteando.** Luego se volverá tu normalidad y no resultará un esfuerzo, pero al principio debes recorrer la milla extra, si no lo haces tarde o temprano volverás a tu zona de confort antigua. Recuerda siempre que la mente es un mecanismo diseñado para la supervivencia, no para la expansión. Debes ser tú quien la lleve, quien la obligue a expandirse. La plenitud es un anhelo de tu ser más puro, la mente siempre buscará la zona segura.

Siempre debe comenzarse por dar. Podremos identificar si estamos sembrando causas correctas o incorrectas de forma muy simple si aplicamos esta regla: las causas son inarmónicas cuando reciben por recibir y/o dan para recibir; las causas están en armonía con las leyes cuando dan por dar y en consecuencia reciben por dar.

El Valor De La Palabra Y La Verdad

"El don que Dios le dió al ser humano es su propio poder; el poder y autoridad sobre todo lo creado: su mente, su cuerpo y su acontecer. De la ausencia de este poder nace toda la infelicidad. El ser humano se ve a sí mismo frágil y víctima de las circunstancias, e induce esas "situaciones

sobre las que no tiene control" provocando su fracaso. Las personas por sí mismas son evidentemente víctimas de las circunstancias; pero si se unen al poder de Dios todas las cosas se vuelven posibles.

Gracias al conocimiento de la metafísica podemos descubrir cómo conseguirlo. Nos conectamos con ese poder por medio de nuestras palabras. Así, milagrosamente, cada carga es eliminada y se gana cada batalla. El control sobre la vida y la muerte radica en el poder de la palabra. Cuida tus palabras con mucho afán. Continuamente, tú cosechas los frutos de tus palabras"

Florence Scovel Shinn

"El poder de la palabra hablada"

La palabra es vibración manifiesta, es el indicador directo de cómo pensamos y sentimos, y por lo tanto de si estamos alineados con nuestro deseo o no. También en el libro "Los 4 acuerdos" se menciona como el primero de los acuerdos una necesidad de ser impecable con tus palabras.

Debes ser impecable al elegirlas, porque son fiel reflejo de tus pensamientos; y debes ser impecable al cumplirlas, porque será el reflejo de tu esencia y tu coherencia. Cada palabra que sale de nuestra boca se convierte en "causa" de un posterior efecto en nuestra realidad.

El mismo Jesús nos hablaba de esto, bajo el concepto griego de "pistis" posteriormente mal traducido también como fe. Cristo utilizaba tres conceptos diferentes que fueron traducidos como "fe", todos nos remiten a la verdad y a la coherencia con la propia palabra, como veremos a continuación.

Pistis era el primer concepto, y significa "crédito", no se le pedía a los discípulos que tuvieran fe, se les pedía que tuvieran crédito. El crédito se obtiene cumpliendo su palabra, previamente bien definida en el plano mental. Si queremos que un banco nos de crédito, debemos tener un buen historial; es decir, debemos haber cumplido con nuestra palabra en tiempo y forma en el pasado; es el mismo concepto.

En base a este concepto, nos remitía luego a los otros dos conceptos de "fe"; ninguno de los cuales significa creer ciegamente en algo porque sí.

"Conoceréis la verdad y la verdad os hará libres", esta frase conjuga ambos conceptos de manera magistral. En ella se habla de una verdad primera, "Conoceréis la aletheia" que es, según las escrituras originales la primera mitad de frase. Siendo aletheia un concepto griego de verdad, que significa, literalmente: "verdad oculta tras la palabra". Aprender a escucharnos, y descubrir si nuestra palabra realmente refleja lo que deseamos. Si dices "voy a buscar pareja", así será, la buscarás...pero no la encontrarás, porque tú mismo decides y expresas que lo que quieres es buscarla. Si dices "tal persona no me quiere" o "nunca me va bien en tal cosa" significa que lo piensas, lo sientes y lo expresas; la realidad por ley debe corresponderte. A ese nivel de verdad apunta, al nivel de que una palabra sutil, tonta en apariencia, puede cambiarlo todo, una coma puede cambiarlo todo.

"La verdad os hará libres" es la verdad que te libera. Al descubrir la primera de tus verdades comienzas a liberarte, al encontrar la segunda te liberas de toda atadura. "La emuná os hará libres" que es, según las escrituras originales la segunda mitad de frase. Siendo emuná un concepto arameo le verdad, que significa "certeza absoluta", "verdad autoimpuesta" o "matriz", y representa la verdad que tú elijes para tí, con la que reemplazarás la verdad que se te ocultaba en la primera mitad, y al ubicar tu palabra de forma acorde comenzarás a vivir en base a ella y la "emanarás".

El valor de la palabra se reconoce en todas las culturas, y en todas las religiones, sin embargo, no se enseña en los institutos.

Por eso también siempre los grandes maestros hacen hincapié en sus propios conceptos de pistis. Recordemos que por correspondencia no puedes recibir lo que deseas si piensas una cosa y dices otra. En el mejor de los casos recibirás una promesa del deseo cumplido, que en eso quedará, en promesa. Por otro lado, si tus verdades fueron ubicadas conscientemente y por elección propia, cumplir tu palabra y vivir en base a ella no debería representar un problema. Si está acorde a tus pasiones y a tu misión de vida debería ser completamente natural cumplir tu palabra al pie de la lera. Si resulta difícil, hay alguna falla en el proceso. Hay alguna parte de ti con la que no estás siendo del todo honesto.

CAPÍTULO 8

Ley Universal De Concepción

"La concepción existe por doquier; todo tiene sus principios masculino y femenino; la concepción se manifiesta en todos los planos."

El Kybalión

La última de las leyes o principios herméticos nos habla de género. Nos dice que la concepción se manifiesta en todo, estando presentes siempre tanto el masculino como el femenino. Si bien en el plano más conocido para el ser humano esto podría entenderse como sexualidad, va mucho más allá. Ninguna creación es posible sin este principio, y en planos superiores toma formas mucho más elevadas de las que podemos comprender.

Este principio obra siempre en el sentido de "generar", "regenerar", "crear" y lo que nos llama a descubrir es que, **en nosotros mismos, como en todas las cosas, habitan ambos géneros;** tanto la energía masculina como la femenina coexisten en nuestro ser esencial y para explotar nuestro poder creador en su máximo potencial debemos aprender a armonizar ambas energías.

Todos llevamos dentro un Yin y un Yang; según esta idea, cada ser, objeto o pensamiento posee un complemento del que depende para su existencia y que a su vez existe dentro de él mismo. De esto se deduce que nada existe en estado puro ni tampoco en absoluta quietud, sino en una continua transformación. La forma de alcanzar el estado puro comienza en el equilibrio de estas fuerzas internas.

Es importante la aclaración de que en esta ley la palabra género no es utilizada de la forma en la que la conocemos en occidente; no se refiere a una distinción entre hombre y mujer, se refiere a "generar" y "regenerar". Regenerar en el sentido de que, llegando a la última de las leyes, en consecuencia, estas volviendo a la primera. Al "dar a luz" tu resultado, mediante la armonización total de tus energías, léase también "hemisferios", estas regresando a la primera ley; una vez obtenido un resultado este pasa a convertirse en un recurso mediante el cual emprenderás la creación de otro resultado más elevado. **Ésta es la verdadera rueda del Karma. La continua evolución consciente y ascendente del ser.**

Entiendo que, en los tiempos que corren, este principio puede ser el que más se preste a confusión. Por eso quisiera llevarlo a, quizás, su expresión más tangible. Todo ser humano posee un cerebro, dividido en dos hemisferios; derecho e izquierdo, el derecho es digamos el encargado de nuestra parte más creativa, mientras que el izquierdo en contraste maneja nuestra parte más lógica. Estoy convencido que es esta la forma más práctica de comenzar a familiarizarse con este entendimiento. Es decir, si te consideras una persona sumamente lógica, deberías comenzar el proceso por encontrarte cómodo con tu lado más creativo, artístico o soñador; de igual manera si eres más creativo, un buen punto de partida sería armonizar con tu lado más lógico o científico. **"Los semejantes y los antagónicos son lo mismo"**

También podríamos entenderlo como el resultado directo de la interacción interna entre nuestro "Yo" y nuestro "Mi". Siendo el yo quién aporta la voluntad o la "semilla" de un resultado que luego deberá gestarse, antes de hacerse visible, en el "Mi"; de ahí que al momento de leer estas páginas muy probablemente estés viviendo situaciones que no deseas. Tus resultados venían siendo condicionados por los "Yo" decididos desde paradigmas externos a ti. Al retomar control sobre tus objetivos y decisiones, ya estarás comenzando a elevarte por sobre el 97 por ciento de los seres humanos 2020.

Nuestra realidad coexiste en una constante fluctuación entre dar y recibir; estamos recibiendo energía potencial, y al mismo tiempo dándola. Aquí es donde lo masculino y lo femenino deben alcanzar el equilibrio interno. Hay momentos durante el día en los que estamos en posición de dar, de proveedores; y momentos en los que nos encontramos en posición de recibir. En el equilibrio constante de estos roles se encuentra la clave de este principio.

Aquí se encierra el secreto de que, siempre que logres imponer tu verdad, lo que deseas vivir como verdad, por sobre cualquier otra idea tanto interna como externa, eso es lo que se gestará y luego nacerá en tu realidad tangible.

Las Técnicas

Sobre las técnicas podríamos decir que, deben ser un instrumento, un instrumento para conectarnos con nuestra parte más profunda, con nuestra parte creadora de realidades. Pueden sernos de mucha utilidad cuando busquemos armonizar nuestras energías, sin embargo, debemos evitar caer en la trampa mental de que es a través de una técnica que se alcanza dicha armonía.

Mediante un uso correcto e intencionado de ciertas técnicas, que sean acordes a nuestro modo de pensar y a nuestros objetivos, podremos obtener una correcta canalización de nuestro poder creativo. Sin olvidarnos en ningún momento que no es la técnica la causante de dicho resultado, sino que es producto de un uso correcto y sistemático de nuestras propias capacidades que dicha técnica tenga, o no, alguna clase de efecto o poder sobre nuestra realidad.

La técnica es un instrumento que debe ser usado intencionalmente para lograr la unión de ambos hemisferios y la unificación de nuestras fuerzas alineadas con la Fuente.

Algunas pueden sernos realmente de mucha utilidad, debemos ser receptivos, para descubrir qué instrumento se adapta mejor a nosotros en un determinado momento. Incluso mediante la experimentación continua, podríamos crear nuestras propias técnicas basándonos en nuestros resultados.

Tablero de visión: un tablero de visión es básicamente un collage armónico de fotos y frases que representen nuestro objetivo a alcanzar. Ésta es una forma de comenzar a entrenar activamente nuestra mente subconsciente para que se familiaricen con la imagen de un resultado manifiesto.

Visualización creativa: otra técnica muy popular y que trae consigo muy buenos resultados para la mayoría de los practicantes. Una de las formas más potentes de emplear esta técnica es antes de irnos a dormir (como es el ejercicio de la escalera), visualizar el resultado cumplido, pero con una variación. Visualizar no sólo el resultado cumplido, también vernos a nosotros en un punto de nuestro futuro recordando el momento en el que este deseo se manifestó. Es decir, me imagino en un futuro ideal, en el cual estoy recordando junto a una persona que yo estime mucho, el proceso por el cual se manifestó mi deseo. Además, el incluir personas cercanas, sensaciones de tacto u olores, ayuda mucho al cerebro a retener la idea. **Recordemos que nuestro cerebro aprende por repetición y por impacto emocional.**

Teniendo esto en cuenta entendemos también que los audios o los popularmente llamados hoy en día "subliminales", son otra gran herramienta en nuestro proceso de desarrollo. Así como todo tipo de meditación activa.

Otra poderosa técnica es el uso correcto de las afirmaciones y las palabras "Yo soy". En este caso recomiendo investigar sobre las afirmaciones propuestas por el maestro metafísico Saint Germain.

En esta parte del proceso es muy importante haber elegido correctamente nuestros mentores. Si bien insisto en que el objetivo final es convertirte en tu propio mentor y tu propio ejemplo a seguir, es verdad que al principio de este viaje el proceso puede ser mucho más rápido aprendiendo de personas que ya hayan obtenido lo que deseamos ver en nuestras vidas. De ahí la importancia de escoger a nuestros mentores siempre basándonos en resultados visibles. "Por sus frutos los conoceréis" (Jesús).

La magia de pensar en grande

En este punto ya comenzamos a plantear metas y objetivos tangibles. Es muy importante siempre pensar en grande. Para salir de los viejos preconceptos, debemos soñar lo más alto posible, incluso, cuando nos parezca algo inalcanzable. Debemos sacar a nuestra mente de toda zona conocida, y trazar un plan de acuerdo a esos objetivos, dividiéndolos en metas progresivamente cada vez más creíbles. Hasta llegar al momento en el que dichas metas sean tan sencillas que podamos comenzar a llevarlas a la práctica.

Tengamos en cuenta que la inercia mental del principio de cada proceso nos llevará a buscar siempre una zona de confort. Aquí la importancia de soñar bien alto, por ejemplo: si lo que deseas es ganar un millón de dólares, deberías soñar en ganar cien millones; y trabajar haciendo todo lo posible para alcanzar esa meta de 100 millones, de esta manera es mucho más probable que alcances progresivamente la meta del millón. Si deseas un millón, en cambio, y apuntas sólo a uno y trabajas sólo para uno, seguramente alcanzar el objetivo te lleve mucho más tiempo; si te quedas, te quedarás a mitad de camino... y no es lo mismo que quedar a mitad de camino de una meta de 100. Si sueñas con alcanzar las estrellas, en el peor de los casos te quedarás en la atmósfera terrestre o llegarás a la luna... Si sueñas con alcanzar la luna, tranquilamente podrías quedarte en la tierra.

La planificación es sumamente importante ahora que conocemos las leyes. Deberíamos tener con nosotros tres planificadores diferentes y leerlos a todos a diario. El primero, con nuestra vida ideal de aquí a un período de 5 años. El segundo debe contener metas que sean creíbles para nuestra mente, y podamos cumplir en un plazo máximo de 12 meses. Y el tercero debe contener metas diarias, que nos acerquen al cumplimiento de como mínimo tres de nuestras metas a 12 meses.

Sepa el lector que decidí no entrar a fondo sobre estos temas, ya que cada uno podría tranquilamente ser objeto de un libro o seminario completo, y considero que la base para que esto tenga el efecto deseado, es primero conocer perfectamente cómo operan las leyes universales. Esto no implica que estos puntos sean menos importantes que cualquiera de los demás.

ANOMALÍAS

La abundancia es el estado natural de todas las formas de vida que habitan en nuestra realidad; la verdad es que, cualquier clase de escasez que veamos manifestarse es en esencia una anomalía. Este universo está diseñado para dar, está diseñado no sólo para cumplir todas nuestras necesidades, sino también para cumplir todos nuestros deseos.

Al comprender las leyes comprendemos esta verdad. Sólo puedes experimentar alguna clase de anomalía si vas en contra de dichas leyes, es decir, solamente si tú así lo has decidido. **La comprensión y el uso consciente de las ideas planteadas en estas páginas brinda a cualquiera que las ponga en práctica todas las herramientas necesarias para convertirse en un creador activo de su propia realidad;** y por lo tanto, excluirse de forma natural como un desenlace lógico, de toda clase de carencias. Sin embargo, no entendamos que ya no experimentaremos ninguna situación adversa, en apariencia;

recordemos que eso que llamamos problemas no es más que parte de un proceso lógico que debemos pasar de manera inevitable si realmente deseamos alcanzar nuestro resultado.

De esta forma cualquier problema deja de serlo y pasa a convertirse en un paso natural que debemos atravesar, previo a la obtención de nuestro resultado final. Para lo cual contamos con todas las herramientas necesarias para atravesar dicho paso.

Todo lo que hace falta es un cambio de enfoque, es dejar de buscar respuestas afuera, es encontrar en nosotros mismos nuestra parte creadora. Y ser conscientes de que todo el tiempo estamos sembrando causas, que luego recogeremos como efectos.

Ahora sabemos que el pasado no es más que un constructo mental. Si bien podemos usarlo como guía para saber qué causas ya no deseamos sembrar, no debemos caer en el error de permitir que nuestro pasado defina, ni nuestras posibilidades presentes, ni nuestras posibilidades futuras. **Las posibilidades son ilimitadas,** nuestro recurso es el presente y ahí debemos poner la atención. Lo mismo pasa con el futuro, si bien ahora sabemos que podemos modificarlo y convertirlo en una manifestación inevitable, tampoco debemos caer en la práctica de aferrarnos a dicho resultado; ya que podría suceder que debamos pasar por procesos previos y resultados quizás no tan esplendorosos. Debemos ser conscientes de esto, y tener un propósito que evite que nos quedemos a medio camino.

Sabemos que nuestra manifestación es inevitable y que veamos o no resultados externos, estos ya se están generando. Por el simple hecho de leer estos conceptos ya estás cambiando en gran medida tu apertura mental y muy posiblemente tu concepción de tu papel en la realidad que habitas, y tu rol como creador.

Polos Opuestos

Como seguramente habrán notado, en lo que va de texto muy pocas veces hice referencia a conceptos como envidia, ira, odio, etc. Esto es completamente intencional. Parte del propósito de las grandes enseñanzas podrían resumirse en eso. **Eres tu atención,** por lo tanto, yo deseo llevar tu atención a los lugares que deseas para tu vida tanto como me sea posible.

Sin embargo, seamos conscientes de que tenemos muchas veces sentimientos como la ira o envidia, que no son malos, tampoco buenos. Son, ni más ni menos, un indicador de que estamos poniendo nuestro poder fuera de nosotros. Es decir, si sientes envidia, lo que tu psique en realidad está diciendo es "él puede y yo no, aunque me gustaría". Ahora sabes que puedes polarizar esos pensamientos, por lo que no deberían ser un problema.

Algo similar ocurre con la queja, la crítica y el prejuicio. Estos cobran quizás un poco más de importancia ya que, podrían resultarnos en principio confuso o complicados de detectar. Cuando te quejas le dices a tu supraconsciente, deseo motivos para quejarme, ese es simple; se hace un poco más intrincado con los otros dos.

El ser humano busca llenar una necesidad de importancia, esto está comprobado por cientos de estudios y es en neurociencia uno de los principales disparadores de lo que se conoce como cerebro reptil. Partiendo de esto encontramos dos patrones principales bien marcados. Las personas que llenan esta necesidad creando, y las personas que lo hacen criticando a los que crean. Cuando juzgas, y no necesariamente tiene que ser un juicio negativo, estas siendo parte del segundo patrón. Lógicamente puedes formarte una opinión y expresarla siempre que alguien te la pida. Pero expresar juicios porque sí, para "hablar de algo", siempre implica un uso desenfocado de la atención.

Tu atención debe ir hacia ti, hacia lo que sea que estés creando, si aún no lo ves y no te parece prudente hablar de ello no lo hagas. Piensa que, los momentos más íntimos entre seres casi nunca se expresan con palabras. No hables por hablar, aprende a usar tus palabras y a decidir tus silencios. Las más bellas melodías se escriben así, no llenando de sonidos, alternando magistralmente sonidos y silencios.

La crítica es igual, recuerda que cada cosa que digas, no se la estás diciendo a otra persona, se la estás diciendo a tu propio universo. Te estás hablando constantemente a tí mismo, y si dices, -"mira que mala persona es tal", estás diciéndole a tu Universo que en tu realidad hay malas personas. Desde mi visión tiene bastante lógica. Debes decidir si vives en un universo hostil, o amistoso, decía Albert Einstein.

Tendrás esos pensamientos, sí, Buda los tenía, al igual que Gandhi, por inercia, y sobre todo por humanidad. Sin embargo, pueden durar años o segundos, es parte de tu libre albedrío. Elige un Universo amigable y así será para ti.

MIEDO

El miedo por otra parte, no encaja con las sensaciones anteriores. Si hablamos de miedo hay que entender su naturaleza, ya que difiere de las anteriores que no son más que un mal cálculo de enfoque.

Hay que entender que el miedo es principalmente una herramienta natural del sistema nervioso cuya función es garantizar nuestra supervivencia. Por eso debemos distinguir entre dos tipos de miedo, uno fundamentado basado en riesgos para tu integridad física a tiempo real, y otro percibido o sin fundamento. Siendo el segundo un constructo mental que se basa, o en experiencias pasadas que no deseas repetir o en conjeturas de posibles experiencias futuras que deseas evitar.

Por este motivo no nos interesa vivir sin miedo. Nos interesa utilizar el miedo correcto solamente cuando sea necesario, es decir, cuando corra riesgo nuestra supervivencia. Por ejemplo, te sería útil tener miedo de un tigre si estuvieras en la selva ante uno; pero sería un desperdicio de recursos tener miedo cada noche de que aparezca un tigre bajo tu cama. Es un ejemplo infantil, lo sé, pero en mayor o menor medida casi siempre vamos por el mundo buscando tigres bajo nuestra cama.

Entonces pongámoslo simple, si tienes un miedo que no se fundamenta en un riesgo para tu vida a tiempo real, no es útil, no le des tu atención. Dale tu atención únicamente cuando sea necesario para la supervivencia o para evaluar riesgos.

Si no puedes evitar sentir miedo, úsalo como un motor, ten tanto miedo como quieras y direcciónalo bien. Por ejemplo, puedes tener miedo de fracasar y utilizarlo como excusa para no intentar. O puedes tener tanto pánico de fracasar que dediques cada segundo de tu tiempo a hacer cosas productivas que creas que van a garantizarte el éxito.

No hay excusas, hay recursos usados sabiamente o recursos usados como excusas.

Sobre El Ego

Por alguna razón la idea de que hay que suprimir el ego tomó mucha fuerza en algunas corrientes, yo creo que eso no tiene ningún sentido práctico; nos llevó miles de años alcanzar el nivel de consciencia y evolución que disfrutamos. **El ego no es problema, ni nunca lo fue. El ego es un instrumento, de crecimiento, y de interacción con el entorno; el problema surgió cuando nos identificamos con él y le permitimos que comience a tomar decisiones en base a patrones inconscientes.**

De nada serviría alcanzar el estado puro del Nirvana si luego no pudieses vivir la experiencia terrenal, que, desde un estado previo del puro Nirvana, decidiste experimentar. Quien hablaría de Buda o de Zaratustra si hubiesen olvidado su nombre, descartado toda noción de tiempo espacio y se hubieran quedado sentados en loto durante 30 años. En el mejor de los casos se lo recordaría como "el loco que se iluminó".

Es necesario para movernos en la realidad que habitamos, es necesario para sacar el mejor provecho de las interacciones sociales y del mundo que nos rodea. El ego está muy bien, como herramienta, al igual que el miedo, es pura supervivencia, pero sólo como herramienta, como soldado raso, no como general. Debes entrenarlo, no suprimirlo, programarlo, utilizarlo a tu favor, todo de lo que somos conscientes es un recurso potencial.

A medida vayas profundizando los procesos y tu poder creador, sabrás diferenciar perfectamente entre ego y ser. Pero no para suprimir uno y alabar otro, sino para aprender a priorizar, e integrar ambos en pos de tu máximo desarrollo.

La conclusión o el entendimiento al que se deberían llegar, en última instancia, es a saber que cada uno de nosotros no somos ni el ego, ni el cuerpo, ni las emociones, ni los sentimientos, ni las situaciones... Somos el ser que experimenta todos estos aspectos creados por él.

"Conócete a ti mismo y conocerás a los dioses y al Universo"

Sobre El Amor

Otro concepto poco utilizado en estas páginas ha sido el amor; en parte, por el mal uso que le damos, y en parte porque sería un tema demasiado extenso. Si bien no me interesa entrar en el amor conyugal, y no lo haré, si deseo hacer algunos apartados breves.

Ningún iniciado, sabio, iluminado, o cultura digna de admiración, nos habla del amor como se conoce hoy. Si se habla en cambio del amor ágape, el cual está muy lejos de ser una degustación gourmet.

Yo te diría que en primer lugar debemos desarrollar el amor propio. Luego ama a quien quieras de la forma que mejor lo sientas. Pero parte de esa base sólida, que lejos de ser egoísta es todo lo contrario, ya que quien desarrolla un amor propio también desarrolla luego un amor por toda manifestación, y aún más importante, un respeto por todo y todos los que habiten su realidad.

Agápē (en griego[1]: ἀγάπη) describe un tipo de amor[2] incondicional y reflexivo. Algunos filósofos griegos del tiempo de Platón[3] emplearon el término para designar, por contraposición al amor personal, el amor universal, entendido como amor a la verdad[4] o a la humanidad[5]. Mientras que lo que conocemos como amor fraternal, entre amigos o familia viene de *philos* (amistad, amor amical, hermandad o amor no sexual) y eros[6], una afección de naturaleza sexual, que es a lo que referimos para nuestras parejas y luego deriva en posesión, ya que es sólo una parte ínfima de la totalidad.

Aquí me interesa que veamos el concepto de ágape como una de sus definiciones menos conocidas. **Dar brillo; a esta refería Cristo cuando hablaba de amor. Si alguien desea leer aquí un concepto de amor, que sea éste: ágape, dar brillo a todo lo que haces y por sobre todo a ti mismo, dar brillo a toda interacción social que se manifieste en tu vida, brindar en todo momento tu mejor versión**

---

1. https://es.wikipedia.org/wiki/Idioma_griego

2. https://es.wikipedia.org/wiki/Amor

3. https://es.wikipedia.org/wiki/Platón

4. https://es.wikipedia.org/wiki/Verdad

5. https://es.wikipedia.org/wiki/Condición_humana

6. https://es.wikipedia.org/wiki/Eros

a todo aquel que pase por tu realidad; unificar amor y deseo, ama profundamente lo que desees y desea profundamente todo aquello que ames.

Descubre Tu Don

El concepto de don es otro de los que vienen siendo muy malinterpretados. La palabra don nace de la voz patrimonial del latín "donum", de raíz indoeuropea de dar. Un don es en sí, un interés genuino. Es un área de la vida a la que te es fácil, interesante y divertido darle toda tu atención. No es un talento natural, es un interés innato.

De ese interés natural es de donde luego surge el talento. Cuando te permites poner tu atención en esas áreas o temas de interés es cuando comienzas a desarrollar el talento. Piénsalo, muy posiblemente las cosas que hoy se te dan más fáciles son, en las que vienes poniendo tu atención desde hace más tiempo, quizás desde que tenías cuatro o cinco años. De hecho, en la parábola de los talentos se dice que, "a quien tenga le será dado, y a quien no tenga se le quitará hasta lo poco que tiene". Esto no significa más que correspondencia; mientras más atención e intención tengas en tal o cual cosa, más se te dará para que ésta se desarrolle, y mientras menos atención tengas, progresivamente hasta lo poco que se te fue dado desaparecerá, ya no vibrará de manera acorde a ti, si no le brindas tu poder creador.

Por eso cuanta más atención pones en los problemas más complicado parece todo. Es como si le dijeras a la fuente que deseas más problemas. Sino no tendrías motivo para brindarle tu atención. Por esto también te he dicho que no veo demasiada importancia en ahondar en causas viejas; mucho más productivo es focalizar de manera correcta las causas nuevas, y progresivamente las viejas ya no pesarán, se te quitará hasta lo poco que tienes.

El don desarrolla el talento, no es talento en sí mismo. Esto cualquier deportista de alto rendimiento o cualquier empresario exitoso lo sabe a la perfección. Warren Buffet, por ejemplo, considerado el mejor inversionista del mundo, se dedica cada día desde hace más de 40 años a leer análisis de mercados financieros durante cinco horas. Eso es un interés genuino, un don, que sostenido en el tiempo lleva a un talento extraordinario; no nació sabiendo que acción subiría o que mercado cotizaría a la baja, descubrió su interés genuino, su pasión, su don, y gracias a eso, desarrolló su talento. Y este mismo ejemplo podría darse con cientos de personajes famosos de todos los ámbitos.

Cuando te permites desarrollar tu don y le brindas toda tu atención, todo comienza a resultarte natural, se da de manera armónica. Cuando hayas desarrollado el talento te convertirás en maestro, y naturalmente también tu propósito de vida surgirá.

Abundancia

Uno de los peores errores que comentemos en la búsqueda de nuestros deseos está muchas veces en la idea de que para conseguir algo es necesario superar a alguien más. Cualquier deseo conseguido en base a la competencia no es sostenible en el tiempo, incluso cuando ganas la competencia; si no va acompañado de un crecimiento interno, de ser lo que realmente deseas ser, no es sostenible a largo plazo.

Cuando tu deseo está alineado con una total coherencia interna, y tu principal rival es tu yo del día anterior, pasas a crear desde la creación misma, no compites con lo externo, tratas de mejorarte cada día tanto a tí como a tu producto o resultado y pasas a encarnar eso; pasas a estar en total armonía. Así los resultados surgen por correspondencia, vibración y causa.

El error está en creer que no hay suficiente disponible, esto ocurre mucho en el plano económico. Sin embargo, el pastel es mucho más grande de lo que piensas; el Universo siempre es abundante, y si los recursos se acaban se crearán más, como se dice en el libro "La ciencia de hacerse rico" de Wallace D. Wattles. **Nada es escaso a nivel energía, todo es completo en sí mismo.** Cuando comiences a vivir estas experiencias, se volverá evidente que este universo es casi como un patio de juegos, en el cual las posibilidades son infinitas y están disponibles a cada instante. Por lo tanto, si aprendes como canalizar correctamente esa energía, que nutre todo, y te nutre a ti, nunca serás escaso, siempre serás abundante en todo aspecto; y las siete leyes universales de El Kybalión son una guía maravillosa para aprender a canalizar correctamente esas energías.

Internamente todos sabemos que esto es así, y estoy convencido que cualquiera que haya leído hasta aquí es porque estará de acuerdo conmigo. El desafío es ponerlo en práctica, y poco a poco probarle a tu subconsciente que realmente hay mucho más de lo que le enseñaron que se podía y que no se podía hacer. A este entendimiento se llega con la experiencia, y a la experiencia se llega con la práctica. Por eso digo que no debes limitarte a aprender de los mentores que elijas; debes paso a paso convertirte en tu propio mentor, por experiencia propia.

No Busques La Felicidad

No busques la felicidad **debes buscar tu plenitud.** Normalmente la felicidad, o lo que entendemos por felicidad, no es mucho más que un momento placentero asociado a un estímulo externo. Todos sabemos que las mayores lecciones y aprendizajes de esta existencia provienen muchas veces de nuestros peores momentos. Esto ocurre principalmente porque creamos realidades de forma inconsciente, y prácticamente obligamos a nuestro Universo a enseñarnos de la forma más dura posible.

Empleando estos principios podemos bajarnos de esa rueda, sin embargo, entendemos también que toda creación debe contener en sí misma ambas polaridades. Por lo tanto, buscar un estado de felicidad constante sería prácticamente una búsqueda infantil. Por otra parte, entender que cada resultado contiene en sí las dos partes y que durante el proceso posiblemente podamos tener que atravesar una parte no tan agradable, nos hace comprender la búsqueda desde otro prisma. Un prisma que vive cada situación como un fruto de sus propias causas, y por lo tanto lo experimenta plenamente, al máximo de sus posibilidades.

Experimentar plenamente cada situación debería ser el objetivo final, para así no sólo movernos a la próxima experiencia, sino que también, conociendo los principios, ir moviéndonos progresivamente a experiencias cada vez más elevadas. Esto conlleva indefectiblemente que cada experiencia se vaya haciendo cada vez más llena de eso que consideramos positivo. **Sepamos también que bueno o malo, no es más que un juicio emitido por nuestros viejos paradigmas.**

Ahora podemos entender que la felicidad es sólo un sentimiento, que no es sostenible en el tiempo. También entendemos que somos nosotros quienes generamos nuestro estado emocional, por lo tanto, **la búsqueda de la felicidad deja de ser una búsqueda necesaria para dar lugar a la experiencia de la plenitud y la expansión constante, tanto de nuestro ser como de nuestros dones.**

LA MUERTE DE IVÁN ILICH

En el libro "La muerte de Iván ilich", de Tolstoi, se cuenta la historia de un hombre de nacionalidad rusa, el cual vivió toda su vida queriendo ser un gran político. Estos deseos le fueron impuestos al protagonista por su familia y su sociedad. La historia narra cómo el hombre a pesar de que, a lo largo de su vida logró alcanzar todos los objetivos que se propuso, nunca dejó de vivir atormentado por un profundo sentimiento de vacío. Tanto es así que en su lecho de muerte y en los brazos de su esposa sus últimas palabras fueron: -"no he vivido ni un solo día durante toda mi vida"

Debes escuchar los verdaderos deseos de tu ser, debes aprender a escucharlos y a seguirlos pase lo que pase, digan lo que digan. Aunque parezca un imposible, aunque parezca que todo a tu alrededor esté en tu contra, debes encontrar tu voz y debes escucharla. **Si no estás viviendo y trabajando en tu sueño significa que estás viviendo y trabajando por el sueño de alguien más.** Dedica tus días, tu mente, tu alma y tu vida, al servicio de tu verdadero propósito, de tu verdadero deseo. No seas como la masa, debes ser algo que en este momento se considera una oveja descarriada. **Esta es la única forma de alcanzar resultados extraordinarios dentro de una sociedad ordinaria.**

CAPÍTULO 9

Axiomas

"La posesión del conocimiento, si no va acompañada por una manifestación y expresión en la práctica y en la obra, es lo mismo que el enterrar metales preciosos: una cosa vana e inútil. El conocimiento, lo mismo que la fortuna, deben emplearse. La ley del uso es universal, y el que la viola sufre por haberse puesto en conflicto con las fuerzas naturales."

El Kybalión

El conocimiento sin acción realmente no sirve de nada. Mediante la práctica es como se obtiene la verdadera experiencia, y es como irás descubriendo que funciona mejor para ti, y cuál es el proceso más rápido para que estos principios sean puente para la plena expresión de tu ser. **Si la energía permanece inmóvil se estanca.** La energía debe moverse, es para nuestra realidad lo que la sangre es para nuestro cuerpo.

"Para cambiar nuestra característica o estado mental cambiemos, nuestra vibración. "

El Kybalión

Ya conocemos el proceso, **sabemos que el cambio es posible e Inevitable, siempre y cuando pasemos a ser creadores activos de nuestra propia realidad.** Debemos cambiar en primer lugar nuestro patrón de pensamiento, y luego siguiendo el proceso de manifestación, terminar por finalmente vibrar en eso que deseamos. Esto se conoce como alquimia mental. Mediante el uso consciente de nuestro foco de atención y de nuestra voluntad somos capaces de programar, no sólo nuestros patrones de pensamiento, sino también, nuestras emociones sentimientos, acciones, y posteriores resultados. Donde está tu atención está el tesoro. Debemos aprender a estar atentos para saber cómo, dónde, y cuándo, utilizamos nuestra atención y qué causas estamos sembrando.

"Para destruir un grado de vibración no deseable, póngase en operación el principio de polaridad y concéntrese la atención en el polo opuesto al que se desea suprimir. Lo no deseable se mata cambiando su polaridad. "

El Kybalión

YA SABEMOS QUE UN ESTADO mental y su opuesto son sólo dos polos de una misma cosa, y que mediante la transmutación mental, esa polaridad puede ser invertida convirtiéndose en causa de los resultados que nosotros deseamos. **Cambiando las polaridades podemos alcanzar cualquier estado mental o emocional que hayamos decidido conscientemente. Esto es lo que a mi entender debería considerarse un ser maduro; alguien capaz no sólo de manifestar con éxito su propia realidad, sino también, alguien completamente consciente de la creación intencionada de sus pensamientos y estados emocionales.**

"El ritmo puede neutralizarse mediante el arte de la polarización "

El Kybalión

ES VERDAD QUE PODRÍA resultarnos muy difícil eliminar por completo el polo no deseado y que el péndulo no ondule hacia la parte que consideramos negativa. Sin embargo, una vez que el ser alcanza una maestría en lo que se conoce como transmutación, sí es posible, e incluso muy simple reducir al mínimo la ondulación hacia el polo no deseado. Es decir, que si bien, deberemos enfrentar alguna situación que ondule hacia el otro lado, ésta será la mínima posible y quizás ni siquiera nos demos cuenta de que ha ocurrido.

Recordemos que el Universo es mental y si queremos transformarlo debemos hacerlo comenzando por nuestra mente.

"Nada escapa al principio de causa y efecto, pero hay muchos planos de causación y uno puede emplear las leyes del plano superior para dominar a las del inferior. "

El Kybalión

Con este axioma sólo quiero dejar en claro que, sean cuales sean los posibles efectos que arrastremos a causa de decisiones inconscientes pasadas, siempre y sin excepción las vibraciones superiores dominan a las inferiores. Por lo tanto, lo único necesario para el cambio es una decisión, es poner nuestra atención en el plano superior, en nuestra mejor versión, en nuestro yo ideal; comenzando a vibrar en eso, toda vibración que no sea acorde dejará de manifestarse, o bien, se manifestará en su versión más insignificante dentro de las posibilidades.

CAPÍTULO 10

Las 7 Leyes En Práctica

Ahora que conocemos los principios vamos a ubicarlos de la forma más simple posible antes de movernos a las palabras "complicadas".

Para que cualquier proceso sea sostenido en el tiempo y se convierta en nuestra normalidad, debe estar sustentado por un propósito firme. Si usamos como punto de partida el mapa del "árbol de la vida" expuesto en este libro, nuestro propósito surgirá naturalmente y será extremadamente sólido.

Entendemos que toda manifestación se rige por estas leyes, y al utilizarlas de forma consciente, todos y cada uno de nosotros, cuenta con el potencial inherente de convertirse en amo y señor de su propio Universo.

Este sería el proceso lógico:

- **Mentalismo:** Toda creación debe comenzar por un pensamiento, el cual debe ser claro, preciso y enfocado. Con pensamientos divididos o inconstantes es muy poco probable conseguir resultados en el tiempo y forma esperados. Nuestro rol en esta parte del proceso es el de decidir conscientemente el resultado final y poner toda nuestra atención en pensamientos y estímulos que estén directamente relacionados, eliminando por completo cualquier otra cosa.

- **Correspondencia:** La manifestación exterior debe, por Ley

Universal, corresponder con el estado interior, así como con la selección de la posibilidad elegida en el plano supraconsciente. En este segundo "paso" se nos pide mantener nuestra voluntad de manera firme, acorde a lo decidido en primera instancia, al mismo tiempo que permanecemos atentos y expectantes a descubrir las correspondencias externas cuando comiencen a manifestarse.

• **Vibración:** Mediante la unificación de los dos estados previos, comenzará a alinearse nuestra intención con nuestro ser más puro. Es aquí donde comenzamos a vibrar en nuestro deseo, siendo ya lo que deseamos, sin importar nada más. Somos lo que deseamos aún antes de verlo manifiesto. Esto nos garantiza el éxito.

• **Polaridad:** Por polaridad comprendemos que debido a nuestras manifestaciones anteriores tendremos un remanente de pensamientos, ideas, o situaciones, que muy probablemente no sean acordes y se nos manifiesten en el proceso. Es deber de toda conciencia extraordinaria polarizar estos pensamientos y llevarlos hacia el polo que desee ver en su creación.

• **Ritmo:** Sabiendo que todo en el Universo se mueve como un péndulo, esta parte del proceso es un llamado al aprendizaje y comprensión de los tiempos naturales. Al mismo tiempo, un saber de que éstos tiempos pueden ser acortados o alargados en relación directa con nuestra voluntad. Se pide en esta instancia saber esperar, si es necesario, y utilizar esta espera, si existe, para aumentar nuestro foco y la voluntad dirigida al resultado.

• **Causa Y Efecto:** Comprendiendo que toda causa tiene su efecto y todo efecto tiene su causa, es aquí donde aprendemos a respetar todo efecto que hayamos causado previamente, y a partir de él, sembrar causas que sean correspondientes con nuestro nuevo resultado elegido conscientemente.

- **Concepción:** Una vez que todas nuestras energías, acciones, pensamientos, y emociones, estén unificadas en pos de nuestro objetivo, éste será finalmente tangible; y se convertirá en motivo de celebración, agradecimiento, y base para una próxima manifestación que lo incluirá, y dará lugar a una expansión correspondientemente más elevada.

Aquí el proceso completo. En este punto me gustaría hacer una aclaración final.

Debido a muchas interpretaciones previas que arrastramos, creemos erróneamente que podemos y debemos arreglar realidades ajenas. A riesgo de sonar egoísta afirmo aquí, que eso es un gran error. Y sé, que quien practique estos pasos me entenderá.

CAMBIAR AL MUNDO

Hay una forma de cambiar el mundo, hay una forma de ayudar a tu familia, a tus amigos, a las personas que padecen alrededor del mundo, la hay. Pero esa forma no es y nunca va a ser repartir más de lo que ya hay. La única forma de lograr un cambio es que primero seas pleno tú. Cuando seas pleno, abundante, y vivas en paz, no sólo podrás cambiar el mundo y ayudar a quien desees, sino que ya lo estarás haciendo. Tus amigos te preguntaran como lo hiciste, al igual que tus familiares, y podrás enseñarles por experiencia propia; serás abundante y podrás ayudar a quien tú desees en cualquier país del globo, desde el prisma de la abundancia; si no eres abundante, por más que des dinero, estarás dando escasez.

Así que te invito a cambiar el mundo, comenzando por cambiar el tuyo y nada más que el tuyo. Sigue los tiempos naturales, si deseas un cambio duradero, comprenderás lo que digo, y encontrarás en estas palabras un trampolín hacia un bien más grande que cualquiera de nosotros.

Todos queremos cambiar el mundo, todos deseamos en algún lugar de nuestro ser que el mundo se convierta en un lugar mejor; en un lugar que podamos heredar orgullosamente a las próximas generaciones. Al comprender estos principios muchas veces caemos en el error de querer comenzar a arreglar el mundo, sin antes haber completado el proceso de arreglarnos a nosotros mismos.

Todo proceso debe comenzar, sin excepción, por convertir tu propio mundo en una creación consciente, perfecta y armónica.

Tampoco se debe caer en la práctica de intentar resolver problemas ajenos, por supuesto que si alguien solicita nuestra ayuda le brindaremos nuestra mejor versión disponible. Comprendiendo los principios se comprende también que una vez que el proceso individual esté completo, todo el entorno se verá afectado por un nuevo estado vibratorio. Por lo tanto, al cambiar nuestro mundo estamos cambiando el mundo de todas las personas que nos rodean. Una vez completado dicho proceso interior la expansión se vuelve natural, primero será a nuestro círculo más cercano, luego será a desconocidos y mientras más alta sea nuestra vibración, más amplio será el rango de influencia. Progresivamente podremos ayudar e influir positivamente en cualquier persona o situación que deseemos. Desde un lugar de plenitud, desde un lugar que da lo más puro del ser humano, y no que lucha contra realidades que considera ajenas a él.

Progresivamente vas a convertirte en ese ser, y es ahí cuando no desearás cambiar el mundo... Porque ya lo habrás cambiado.

Es momento de ponerlo en práctica. Te invito a que tomes estas páginas como una guía de cabecera en tu proceso de desarrollo. Te agradezco desde lo más profundo de mi ser por haber llegado hasta aquí. Y te invito a que te conviertas en el creador de tu propia realidad.

Para todo aquel que desee un acompañamiento directo, a tiempo real en su proceso, así como acceso a más información sobre estos temas, déjeme decirle que mi compromiso no acaba aquí. Pueden acompañarme y seguir profundizando en aspectos teóricos y prácticos de forma totalmente gratuita a través de mis canales oficiales.

YouTube: Diego Arroyo – Conciencias Extraordinarias.

Instagram: @diegoarroyo.ok

Nos vemos del otro lado del velo.

Gracias

> *"Cuida tus pensamientos, porque se convertirán en tus palabras. Cuida tus palabras, porque se convertirán en tus actos. Cuida tus actos, porque se convertirán en tus hábitos. Cuida tus hábitos, porque se convertirán en tu destino.[7]"*
>
> *Mahatma Gandhi[8]*

---

7. https://akifrases.com/frase/112797

8. https://akifrases.com/autor/mahatma-gandhi

Don't miss out!

Visit the website below and you can sign up to receive emails whenever Diego Arroyo publishes a new book. There's no charge and no obligation.

https://books2read.com/r/B-A-UTEL-BGQGB

9 7 9 8 2 1 5 6 8 8 9 3 9